戲夢傳奇

蓋鳴暉情繫藝壇三十年

商務印書館

戲夢傳奇——蓋鳴暉情繫藝壇三十年

口　　　述：蓋鳴暉

主　　　編：冼杞然

責任編輯：蔡柷音　張宇程

裝幀設計：張　毅　涂　慧　趙穎珊

出　　　版：商務印書館（香港）有限公司

　　　　　　香港筲箕灣耀興道 3 號東匯廣場 8 樓

　　　　　　http://www.commercialpress.com.hk

發　　　行：香港聯合書刊物流有限公司

　　　　　　香港新界荃灣德士古道 220-248 號荃灣工業中心 16 樓

印　　　刷：美雅印刷製本有限公司

　　　　　　九龍觀塘榮業街 6 號海濱工業大廈 4 樓 A

版　　　次：2021 年 7 月第 1 版第 1 次印刷

　　　　　　©2021 商務印書館（香港）有限公司

　　　　　　ISBN 978 962 07 5884 3（精）

　　　　　　ISBN 978 962 07 5885 0（平）

Printed in Hong Kong

謹以此特輯

致敬我鍾情並常懷敬畏之心的

粵劇藝術

獻予恩師林家聲先生、誼父劉金燿先生

感謝所有提攜、教導過我的

同業先進及不離不棄的戲迷

和各方友好

目錄

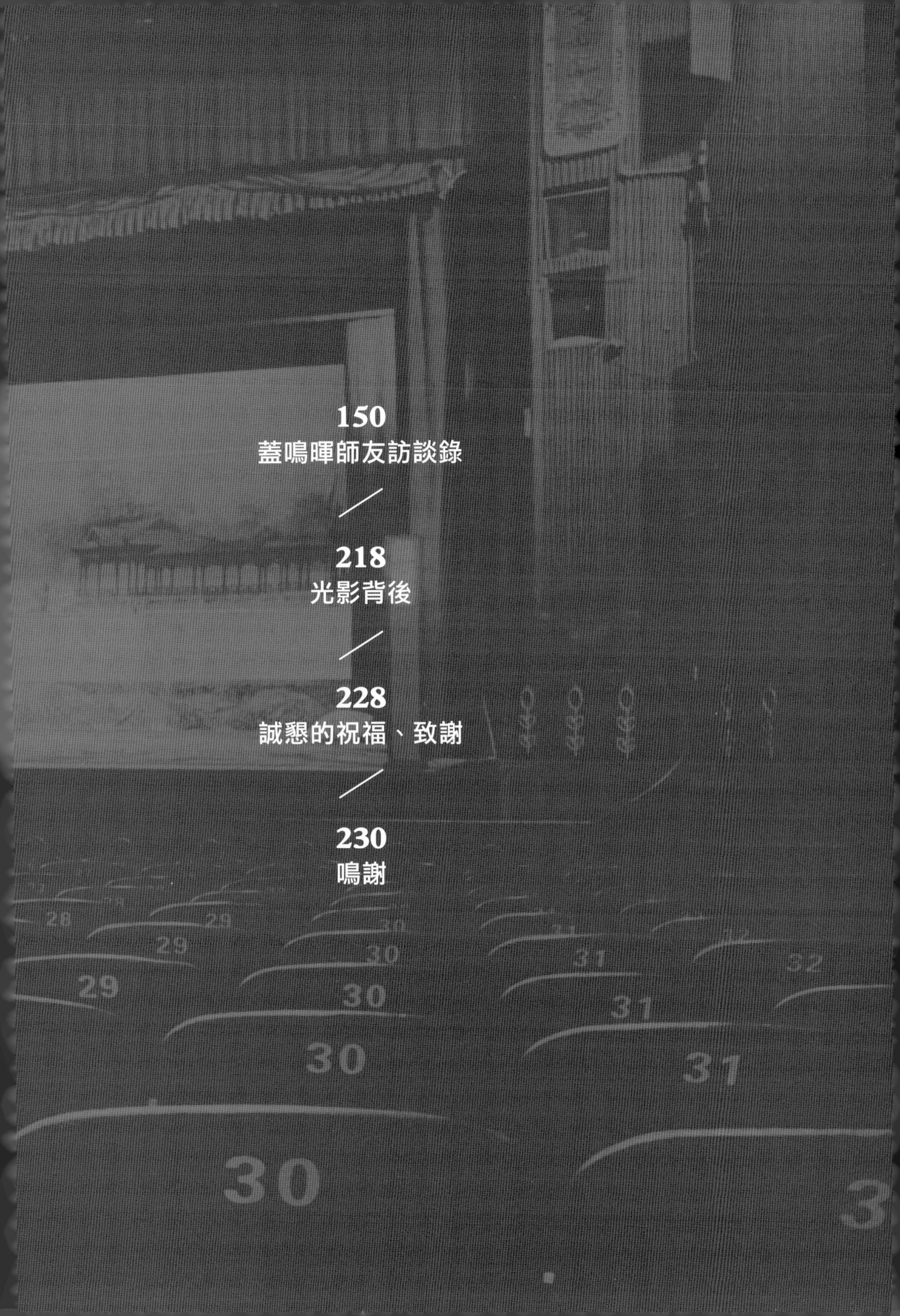
28
29
29
29
30
30
30
30
30
31
31
31
32

半生梨園情

能文能武

《帝女花》，飾演周世顯。

《佳偶天成》，飾演葉浚辰。

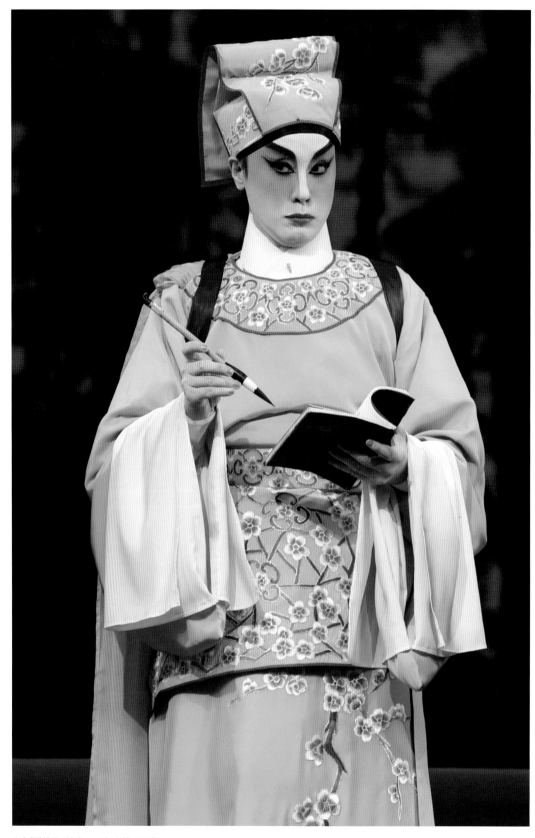

《大鬧梅知府》，飾演梅子將。

《俏孔明》，飾演孔明。

《陳三愛五娘》，飾演陳伯卿（陳三）。

蓋鳴暉 情繫藝壇三十年

戲夢傳奇

《洛神》，飾演曹植。

《無情寶劍有情天》，
飾演韋重輝。

粵劇路上的
栽培與支持

　　每個人都有自己的故事，在同一藍天下的故事自然有類同之處，也因應主、客觀因素的差異而出現其獨特性。我當然沒有例外，有着和所有人一樣的悲歡離合、喜怒哀樂，面臨過下至柴米油鹽、上至人生道路抉擇的大小問題……而我的獨特之處，在於我最終成為了一個粵劇演員，為我的人生平添了不一樣的色彩。

　　屈指一算，從一九九〇年成立「鳴芝聲劇團」、正式開始我的粵劇職業生涯算起，我從藝已經整整三十年了。三十年並不是一個短時間，人生又能有幾多個三十年！

　　在熱心朋友的倡議和策劃下，並得到商務印書館的積極響應，我們決定出版一本特輯，作為慶祝「鳴芝聲劇團」成立三十週年的紀念，也藉此回顧和總結一下我走過的歷程。至於把特輯定名為《戲夢傳奇》，是因為它記錄了我夢想成真的經過；而「傳奇」，在於這個夢想本來是可望而不可及的，也非單靠個人努力便能達至，此中的機緣更是始料所不及！

　　人們常說，一個人能夠從事自己喜歡的職業，是人生中難得的快事，而如果能在工作中做出一定的成績，那就更加令人鼓舞了。

　　回顧過去，我之所以會成為一個粵劇演員，源於「我要成為一個成功粵劇演員」的童年夢想，一個近乎與生俱來、根深蒂固的夢想，這成了我後來決意走上粵劇舞台的動力，就像伴隨着我的一雙翅膀，引領我去追尋人生的真諦和意義，開創屬於自己的未來。

回首往昔，我能夠把童年的夢想化為事實，是因為我為此付出了不懈的努力。我自忖不是天才，出身於普通家庭，唯一憑藉的只有流更多的汗水、吃更多的苦頭，還有對投身粵劇從未動搖的信心和意志。

　　不能諱言，我之所以能夠踏上粵劇舞台、成就今天小有成績的我，確實有一部分來自個人的因素。而更重要的，是得到上天的眷顧，特別是讓我得遇恩師林家聲先生和誼父劉金燿先生。他們早在我舞台生涯的萌芽以及幼弱時期，便給予我真誠和實質的教導、提攜和培育。除了粵劇藝術的掌握和拓展，還端正我的做人原則，為我確立了待人處事的「八心」，要求我做到「決心、恆心、苦心、信心、虛心、愛心、良心、忠心」，使我得以踏上一個又一個人生和事業的階梯。

　　回顧過去三十年，我心中充滿感恩之情。除了恩師和誼父兩位，在我的學藝和從藝過程中，也深受過眾多同行或相關行業前輩、師長的教益和栽培之恩，此中情景，歷歷如在眼前。

　　除了粵劇本行，我在過去三十年還參與了一系列其他領域的演出，例如電視劇、舞台劇，以及與香港中樂團合作演出等。這些跨媒體的演出，大大地提升了我的藝術修養，拓寬了我的文化視野，豐富了我的閱歷。在此，也要感謝所有玉成其事，或在過程中給予幫助和鼓勵的各方師友。

　　雖然我在粵劇之外還參與過其他類型的演出，但最終都會回歸最鍾情的粵劇本行。其實，就算在作其他演出時，我也從未忘記過粵劇

演員的身份，因為那是我的本位。

我一直記住八和會館的格言「飲水思源，切勿忘本」。我也永遠銘記着自投身八和粵劇學院學藝以及後來的從藝過程中，所有給我悉心教誨和幫助過我的人。當然還有一直以來不離不棄地關心我、支持我、給我巨大精神力量的戲迷、觀眾和社會人士。

正因為我在成長過程中蒙受各方恩澤，使我明白「我為人人，人人為我」的道理，促使我積極地投身到社會公益事業中，並於二〇〇五年成立了「蓋鳴暉慈善基金」，秉持有一分熱發一分光的精神，希望能以綿薄的力量回饋社會，為社會公益盡一分心意。今後，除了辦好粵劇演出，我會把更多精力投放在「蓋鳴暉慈善基金」的運作上，使它不斷發揚光大，這也是我未來的兩大工作目標。

記得有人曾經問我：「三十年前，如果你不能成為粵劇演員或演藝界的一員，你會做甚麼？」

我總是回答說：「這個我真的不知道，也從來沒有想過。因為我心裏只有走上粵劇舞台、當一個粵劇演員的想法，也是唯一的想法！」我所說是百分之百的實話，那時我對於實現成為粵劇演員這個理想，可以說是一往無前的。時至三十多年後的今天，我對粵劇的情感依然如此，唯一不同的是，對粵劇多了一份敬畏之心和傳承的責任感。只要我能演，我就會永不言休地演下去。所以，出版《戲夢傳奇》的目的僅僅是對成立「鳴芝聲劇團」之後三十年來的歷程進行階段性總結，並以此作為開啟未來粵劇藝術之路的新起點。

有點遺憾的是，由於新冠疫情的影響，這本紀念特輯的出版比原先預定的時間晚了幾乎一年。世間的事情本就如此，意外和挑戰往往

在不經意間出現，不以人們的意志轉移，這在我過去三十多年的從藝歷程中，也是屢見不鮮的。但不管怎麼說，我對成立劇團三十年以來的歷程總結，概而言之只有八個字，那就是「無悔今生，沒入錯行」！

初心無改
今生無悔

蓋鳴暉從藝三十年歷程

施揚平　訪問、撰文

童年的夢想

蓋鳴暉，一個熟悉的名字。她是當前香港粵劇界最著名的女文武生。人們一般直呼她「蓋鳴暉」或英文名「Joyce」，也有人稱她「靚蓋」、「阿芬」或「芬姐」。稱她「阿芬」或「芬姐」，是因為她的真實名字叫「李麗芬」。

「李麗芬這個名字是不是很女性化？」有一次在談到她的真實名字時，蓋鳴暉居然有點「鬼馬」地反問了一句。

她是女性，有一個女性化的名字完全符合邏輯，但我明白她這樣反問的弦外之音，因為她是一個文武生，在舞台上飾演的絕大部分是反串（即女扮男裝）的角色。她為了演好角色，在現實生活中也就需要仿效男性的舉手投足和思維方式，也因此，往往渾然忘記自己原來的女兒身了。

再說「李麗芬」這個名字，在她出生的「六〇後」那個年代，是頗具代表性的。那時，社會風氣遠較現在純樸，一般家庭的生活

中學時期

也不像今天富足，「望子成龍、望女成鳳」的觀念仍未盛行，所以很多女孩子取的都是「小家碧玉」式的名字。

如果說名字可以體現父母對兒女的期望，那麼，父母對她的期望便是長成一株經受得起風雨的美麗而芬芳的小花，倒也符合他們生活在大埔區的環境。

那時，粵劇演出方興未艾，「神功戲」仍十分盛行，特別在大埔這樣的鄉鎮地區。每逢年節，鄉民都會邀請戲班前來演出。由於母親喜歡看粵劇，每有演出都會把她帶在身邊一起觀看，而看得最多的，是麥炳榮和鳳凰女的演出。

「那時，我們家收入有限，沒有錢買前排的票，只能坐在後面的免費座位上看。我年紀小，總是在戲棚裏到處跑，還經常跑到戲台前去觀看。我特別喜歡看『女姐』鳳凰女，她為人大情大性，十分開朗率真，又擅長搞氣氛，在演出時還經常和台下觀眾互動。例如，在不影響內容的情況下，加插一些和現實生活有關

中學時期與友伴的生活

的對白或歌詞，所以現場氣氛很活躍。還有，那時女角的戲服上有很多『釘珠片』，閃亮亮，十分好看。」蓋鳴暉回憶時說：「也不知道是不是有遺傳，耳濡目染之下，我很快便對粵劇情有獨鍾，一聽見粵劇的鑼鼓聲，人也馬上精神起來，很自然地產生了學戲的願望。」終於，在八九歲的一天，她很認真地對母親表達了「想學戲」的念頭。

「學甚麼戲！別胡思亂想了！」母親一聽，不假思索地否決了。在母親看來，女兒學戲的念頭也許只是一時興起，所以並沒有把它放在心上。但對蓋鳴暉來說，卻是認真的。當然，她此時的「認真」只是一種迫切而朦朧的願望，至於心儀的學戲對象，在她的空想中，也只有鳳凰女和麥炳榮兩位。

事有湊巧，那時，母親經常去附近一家佛堂幫忙煮齋菜，蓋鳴暉經常跟着去，所以跟那裏的一些婆婆很稔熟。有一天，她無意中聽說其中有位婆婆認識在「榮哥」麥炳榮家中當傭工的「馬姐」，於是鼓起勇氣，央求這位婆婆去託她認識的那位「馬姐」，代向麥炳榮請求收自己為徒。

「那時，我對粵劇界了解有限，因為看鳳凰女和麥炳榮的戲最多，自然地把他們二人視為偶像和拜師對象。相比起來，我更加希望能夠拜鳳凰女為師，因為我喜歡花旦的扮相。想歸想，現實是我根本不認識他們兩位。所以一聽說有人認識麥炳榮，便視為天賜的良機了。」蓋鳴暉回憶起當時的想法時說：「拜麥炳榮為師的願望最終沒能實現。後來，我倒是有機會面對面地聆聽鳳凰女傳授演戲的心得，卻是很多年以後了……」

中學校服照

　　關於拜麥炳榮為師不成一事，受委託為蓋鳴暉傳遞拜師願望的那位「馬姐」，後來在回覆此事的結果時這樣說：「我問過『榮哥』，說有個小朋友想跟他學戲。『榮哥』回答說：『算了，小孩子還是先讀書吧！不要再想這件事了，學戲是很艱辛的，又看不到前途！』『榮哥』叫你不要再想⋯⋯」

　　對於拜大佬倌學藝，蓋鳴暉本來並不敢抱太大的期望，聽了這位「馬姐」的轉述，仍不免感到失望。而母親在得悉她曾「興師動眾」地向麥炳榮表達拜師願望一事時並不以為然，更貼切地說是反對的。

　　母親是傳統女性，她疼惜女兒，對女兒的期望其實很簡單，就是以後找份穩定的工作，然後嫁人就萬事大吉了，還學甚麼戲！但世間的事情往往就是這般有趣，母親反對她學戲，而她對粵劇的喜好，卻又是母親催生的。

　　而事實上，蓋鳴暉學戲之心並沒有就此終結，反而越來越熾烈。此時的她不但想學戲，還矢志「不但要成為一名粵劇演員，還要是首屈一指的，一定要出名」。

　　學戲的事，表面上就這樣擱置了下來，直到她讀高中那一年⋯⋯

在「八和」的日子

　　那時，蓋鳴暉就讀的中學有一個小賣部，小賣部檔主的女兒和蓋鳴暉很投契，因為她也是粵劇迷，而且是香港粵劇從業員組織「八和會館」附設的粵劇學院的首屆粵劇訓練班學員。正是這位小賣部檔主的女兒，在蓋鳴暉上高中的一天，告訴了她一個對她未來具有重要意義的消息：八和會館附設的粵劇學院正在招收粵劇訓練班的插班生。

　　這無疑是跨進粵劇門坎的最佳途徑。於是，蓋鳴暉和幾個有志於粵劇表演的同學決定行動起來，遂帶着省吃儉用積存下來的零用錢，聯袂前往八和會館名下的粵劇學院報名。

　　她還記得，粵劇學院設在旺

一九八三年在八和粵劇學院學戲的時光

角亞皆老街靠近火車橋的一幢唐樓中。一進學院,首先映入眼簾的是牆上貼着的「飲水思源,切勿忘本」八個大字……

蓋鳴暉並沒有把去八和會館報讀粵劇訓練班一事預先告知母親,主要擔心她會反對以致好夢成空,所以採取了「先斬後奏」的做法。

果然,當她回家把報讀粵劇訓練班一事告訴母親後,母親頓時大發雷霆:「你好大的膽子!我不想你做的事你偏要做,你還讀不讀書?!」

母親反對她學戲的理由,除了會影響讀書之外,還擔心戲班品流複雜,以及學戲沒有前途等。從母親的角度考慮,也不是完全沒有道理的。

蓋鳴暉理解母親,但學戲的態度卻是堅決的,為了不跟母親「硬碰硬」,便低聲下氣地說:「要不,你就當是我的課外活動,讓我學幾個月再看看……」

母親見女兒態度堅決,回心一想,學戲也不是甚麼壞事,

更主要的是作為母親見到女兒失望時的不忍之心，終於答應女兒的要求，包括在經濟上支持她。那時，蓋鳴暉的父母已經離異，哥哥和兩個姐姐也都已經開始工作，但收入不多，家庭經濟情況只屬過得去，對額外的支出都需精打細算。

按照八和粵劇學院對粵劇訓練班的課程安排，整個訓練班為期兩年，每星期上三節課，每節兩小時，學費一百五十元。學費本身並不算貴，但加上交通、添置練功服裝等雜費，便是一筆額外的支出。

有了母親作為後盾，蓋鳴暉首先要解決的，是正在就讀的中學問題，因為她讀的是上午班，而粵劇訓練班的上課時間同樣在上午，時間上出現重疊。她只好去懇求學校校長把她調到下午班去，這件事倒是很順利，因為一直以來，上午班的學位遠較下午班吃香。

然後，她就開始了早上坐一個多小時火車去位於九龍市區的粵劇學院上課，再原路趕回大埔就讀的中學上課的奔波中。因為時間緊迫，很多時候連午飯也趕不及吃，只能在車上啃個麵包了事。單是這樣穿梭往返、舟車勞頓，實非一般人承受得了，而她卻甘之如飴，使得最初反對她學戲、以為她只有三分鐘熱度的母親和姐姐也不免對她另眼相看。

「那時我在九龍、新界兩邊跑，既上中學又要學粵劇，時間安排上基本沒有困難，但在心思上就沒有辦法兼顧了。上課時，心裏總是不由自主地想着粵劇訓練班的事，翻來覆去盡是劇本內容和唱段，確實是無心上學。結果，學業成績也不理想……」後來，蓋鳴暉在回憶三十多年前的往事時說：「總之，那時我的全副心思都放在粵劇上。我很慶幸最終能夠達成小時候的夢想，我並不是反對讀書，只是對我來說，粵劇是我的夢想，我必須作出取捨和抉擇……」

其實，舟車勞頓相對粵劇訓練課程的難度，只是小巫見大

巫而已。訓練班的課程主要教授唱、演及基本功，其中包括一系列體能和腰腿功的訓練，這對於接受文武生專業訓練的蓋鳴暉要求尤其嚴格，也是極大的考驗。因為那時她已經十六七歲，筋骨都有點生硬了，要達到拉筋的程度和「搬腿」、「下豎叉」等高難度動作，談何容易。偏偏那時負責訓練的導師似乎毫無憐香惜玉之心，非要學員們按時達到要求不可。所以，一到練功課，課室裏經常會傳出一陣陣「殺豬般」的慘叫聲。

「剛開始練習下豎叉的時候，腿根本下不去、更談不上伸直，只覺得又痛又麻，老師還要使勁拍打你的腿、壓你的肩，那種痛簡直是入心入肺！」蓋鳴暉後來回憶起當初學戲的情況時說：「結果，有些學員在開課後沒多久便逃之夭夭、中途輟學，離開了粵劇學院。說來有趣，我當時之所以能夠成為粵劇訓練班的插班生，也是拜這些人所賜。總之，基於種種原因，開始時二十多個學員的一個班，幾個月後只剩下包括我在內的不足十個人。畢竟，很多人學戲純是為了一時興趣……」

蓋鳴暉坦承，在訓練過程中曾經哭過，也有過打退堂鼓的一閃念，但最後還是咬緊牙關堅持了下來。幸好她堅持了下來，否

則今天的香港粵劇舞台上便不會有蓋鳴暉這位「戲班小子」了。

我想，她之所以能夠挺過這一關，是因為她明白這是要成為一個成功的粵劇文武生必須經歷的過程，也是實現她童年夢想的必由之路。

她還記得負責教他們練功的任大勳老師曾經語重心長地對他們說：「要練好功就要下苦功，我就是要把你們逼到哭為止，只有這樣才能出效果。我是為你們好，全心全意地想教你們，希望同學們也拿出誠意、付出努力來學。」任老師的心意，也是促使她堅持下去的原因。

無論如何，不能不使人讚歎蓋鳴暉的堅忍和毅力，並聯想到「能忍人之不能忍，必能成人之不能成」這句老話。

一個女文武生的誕生

蓋鳴暉曾經說過，她年輕時最想學的是粵劇裏的花旦，那為甚麼她自進入粵劇學院學習的第一天開始，便以文武生為行當？原來，其中有着一段不大為人所知的「內幕」。那是她剛進粵劇學院時由著名的粵樂大師王粵生指派的，結果是無心插柳柳成蔭。

事情要回到她去粵劇訓練班面試的那一天。那時他們幾個插

一九九四年為《寶蓮燈》在廣州練習

班生被集中在一個小房間內，先由粵樂大師王粵生逐一進行唱腔測試，然後根據學員的特點分派到花旦組或小生組，以便日後作針對性的培訓。

在聽完蓋鳴暉唱完一段曲子後，王老師問：「你想學甚麼？」

「我⋯⋯學粵劇呀！」她有點文不對題地回答。

「學男還是學女，花旦還是『腳色』？」王老師又問。

「⋯⋯」蓋鳴暉一時也沒有反應過來。

只見王老師一邊打量着蓋鳴暉，一邊喃喃自語道：「演小生不夠高，演花旦又不夠漂亮⋯⋯」然後望了一眼房間外原來的學員，對她說：「這樣吧，你先學男仔，其他的以後再說！」

蓋鳴暉就這樣被劃入了「男仔」（小生）組。可以想像，當時她聽到王老師對自己的評語後，內心肯定不痛快，作為一個妙齡少女，聽到別人說自己「身高不足，樣子不漂亮」，豈能高興得起來？內心自是十分委屈，不

蓋鳴暉情繫藝壇三十年

戲夢傳奇

禁暗忖道:「他⋯⋯怎麼能這樣妄下定論！我才十幾歲，還在發育，根本還沒定型，怎麼能斷定我將來高不高、美不美？」

至於被分派去小生組，她當時也不是太樂意的。身為女孩子，學花旦本來就是正常不過的事，而且愛美也是她的天性，單從服飾上看，花旦便比小生漂亮多了。不過，她對分派到小生組，總體上還是接受的，因為不想給老師留下不服從的印象，再者，就是能夠有機會學習粵劇，她已經感到心滿意足了。

後來，她便一直循着女文武生的行當走下去，在學習過程中也逐漸感受到其中的樂趣，這也可能跟她自小養成具有獨立性的「男仔」性格有關。

說起來也是機緣巧合，她原來喜歡學花旦，卻「陰差陽錯」地被分派去學習女扮男裝的文武生，過程就像是上天有意安排的一樣。後來她回心一想，這也許是王粵生老師根據她的實際條件為她作出的最佳安排。

對蓋鳴暉來說，學習文武生還有一個實質上的好處，就是「僧少粥多」。那時班上共有二十多人（後來逐漸減少），學花旦的女學員佔了絕大部分，男學員則只有三四個，典型的「陰盛陽衰」，所以她便多了很多配對實習的機會；也因為缺少競爭對手，使她後來更容易受到關注，並逐漸在學員中脫穎而出。很多年以後，一直從事文武生的她也曾以花旦的身份出現在舞台上，那也只是偶而為之，了了心願而已。

客觀地說，蓋鳴暉剛進粵劇學院時條件並不突出，甚至可以說是相對落後的，後來能夠在眾學員中脫穎而出，除了她對粵劇的領悟力外，更主要是來自她的自我要求和刻苦學習。既然她連練功那麼痛苦的難關都能闖過，其他的也就不在話下了。

正因為她的勤奮好學，本來基礎不好的她便在默默中「如春起之苗，不見其長，日有所長。」

她還記得，在粵劇培訓班學習時，有關方面常常會組織學員排演折子戲作階段性考核和匯報演出。有一次演出後，在座觀看的八和副會長「琴姐」李香琴曾指着蓋鳴暉對其他在座的八和主事人說：「這個女孩子很不錯，應該好好培養她！」

聽到「琴姐」這樣表揚自己，蓋鳴暉自是高興的。但不久之後，她卻又要陷入徬徨之中了……

徬徨的歲月

日轉星移，蓋鳴暉就讀的粵劇訓練班結束了。

回顧八和粵劇學院，它曾對香港粵劇的延續與發展起到了很大的推動作用，包括先後培養出多位名伶，而蓋鳴暉便是其中的突出代表。

時至今天，蓋鳴暉還十分懷念在粵劇學院學戲的日子。當時的粵劇訓練班本來是兩年一屆的，而她是插班生，只能上不足一年便畢業了。要用不足一年時間補回兩年的課，離不開學院老師們對她的「額外」關照和推動粵劇發展的責任心。所以，她一直感懷老師們對她的教導，為她日後的演藝事業建立堅實的基礎，為她如白紙般的人生畫卷描繪上希望的花朵。

那時，粵劇學院的課程要求十分嚴謹而且全面，同時採用「理論聯繫實際」的方法，經常安排學員去參加一些大型戲班的公開演出作為實習。當然學員在演出時所擔任的只是一些「跟出跟入」的角色。

記得她後來接受電視台節目訪問時，也曾提過有關的情況：「那時，學院常常安排我們去一些大劇團實習，例如扮演小兵、家人、梅香，同時練練化妝、膽識，和學習跑龍套。學院還教你甚麼『花開門』、『雙龍出水』等，就

算做小兵，也要求你做一個出色的兵、醒目的兵！」

我也曾親耳聽她憶述當時到大劇團實習的情況，還特別提到曾任八和主席的黃炎先生，說很感激他，因為那時八和派他們去大劇團實習的事，大部分都是經他推薦和聯繫的。

很快，蓋鳴暉就讀的粵劇訓練班課程結束了，中學也唸完了。她期望着能盡快把在粵劇學院學到的與未來的職業結合起來，最理想是能找到正規的粵劇團收留，一邊演出一邊等待進一步的機會，可惜，找來找去也找不到。

其實，當時正規的粵劇團也沒有多少家，而每個戲班都有相

一九八三至一九八四年，學戲時的結業戲《醉打金枝》。

對固定或慣常合作的演員，很少貿貿然把較重要的角色交給陌生人來演，這本是一個正常的現象。

這對於立志以粵劇表演作為終身職業的蓋鳴暉來說，面對如此的現實，其焦慮之情可想而知，一時間竟感到前路茫茫，陷入徬徨之中。

「我曾經聽一些粵劇界的前輩說，一個新人如果想做出點名堂來，起碼要十幾年！」多年後，蓋鳴暉在回憶起當年那段徬徨的日子時曾說：「其實，從進入粵劇訓練班不久，我便知道要成為有點名堂的粵劇演員，路肯定不會好走，我是有心理準備的……」

對此，她心裏很明白，要在粵劇行當中做出點名堂、冒出頭來，取決於不斷充實自己，提高能力。所以，她除了自己堅持苦練之外，還和幾個粵劇學院的同學一起湊錢，定期請粵劇老師私下教授。

那時她已中學畢業，為了支付學費，就找了一份工作。她一邊工作，一邊學藝深造，有時也去不同的戲班跑龍套。只是收入少，入不敷支，全賴家人在背後默默支援。

「那時，我姐姐的加班費基本上都用來支持我，她們就像是我的自動提款機，我一缺錢便去提……」成名後，蓋鳴暉在回憶當時家人給她的支援時說。她說話的語氣顯得調皮和輕鬆，眼眶中卻充滿了幸福的光芒。從她說話的神情可以想像她和家人之間的融洽和溫暖。

我想，這種來自家人的溫暖，可能也是她後來從事慈善事業、用自己的光和熱去溫暖別人的一大原動力。

還記得，我看過一個早年的電視節目，節目中，主持人表揚了蓋鳴暉的孝道，並稱她為「梨園孝女」。這使我想起曾經聽過的一句話：「一個孝順母親的人肯定不會是壞人」。我在這裏引用這句話似乎有點不倫不類，其實是想讓大家了解，她是一個知

所感恩的人，這也是她在待人處事方面的準則之一。

緣分的邂逅

在蓋鳴暉自粵劇訓練班畢業後的徬徨時期，她一方面希望通過充實和提高自己的粵劇藝術造詣來尋求突破，同時也明白要在粵劇界做出點名堂，最關鍵的一點是能否得到伯樂或投資者的賞識，而這一點是可遇而不可求的。

終於，這種可遇而不可求的事情還是發生了，就在往後的一九八七年。

事情的起因是有一天，幾個和她一樣處於徬徨時期的粵劇訓練班同學來找她，說政府為了支持粵劇發展、延續本土文化，將贊助有關方面舉辦「粵劇新秀匯演」……

經過商議，大家一致同意報名參加是次粵劇新秀匯演，希望通過這次公開演出考驗自己的實力，並藉此吸引伯樂的關注。事情就這樣決定了，但隨之而來的問題是，參加匯演費用不菲，錢從何來？

「粵劇新秀匯演」共舉行兩天，由區域市政局贊助，贊助範圍除了免費提供兩天的演出場地外，還提供有限度的演出費用資助。資助的款項需待演出結束後才會分發，即所有演出費用均須由演出者先自行墊支，如有超支則自行負責。

蓋鳴暉一方共提報了《牡丹亭驚夢》和《龍鳳爭掛帥》兩個經典戲寶，必不可少的開銷包括添置服飾、製作道具和佈景，以及加聘人手，估計一場至少得兩萬多元，兩場便是四萬多元（最後結賬接近六萬元）。

有關費用由「一生一旦」兩位主角平均承擔，即是說擔任小生的蓋鳴暉也要負責其中的一半，不算後來的超支部分，便是兩萬多元。這筆錢在當時並非小數目，對蓋鳴暉來說更加是天文數字。此時蓋鳴暉擁有的只是兩袖

清風，唯一的寄望是家中的「提款機」。

其實，早在蓋鳴暉開始踏足社會工作的時候，母親便曾跟她「約法三章」：「以後你有了工資，不給家裏錢不要緊，但是，家裏也不能再像以前那樣支持你了……」可是，事情到了這個關鍵的地步，她也只好硬着頭皮，再次向家人求助。

這次求助的開頭並不順利，皆因所需的不是小數目，有家人甚至擔心她受騙。姐姐聽了之後更不免慨歎起來：「以前都說人窮才學戲，現在變了，是沒錢學不了戲……」

晚上，蓋鳴暉眼看好夢成空，不禁輾轉反側、難以安眠。沒想到，翌晨睜開眼來，竟發現枕邊放着一個信封，打開一看，裏面裝的全是錢，正是她演出所需要的數目，原來是姐姐上班前留給她的，作為支持她參加匯演的費用。此時，她心中的感動可想而知。因為姐姐平日十分節儉，辛辛苦苦省下的錢，本來是有其他用途的，現在卻拿來成全自己……

有了姐姐的「及時雨」，演出計劃終於可以有序地展開和推進了。

終於，「粵劇新秀匯演」在荃灣大會堂正式開鑼了。這天，輪到蓋鳴暉她們的《龍鳳爭掛帥》演出。《龍鳳爭掛帥》是一代粵劇名伶「聲哥」林家聲的「開山戲寶」，而蓋鳴暉所飾演的正是他在劇中的角色上官雲龍。

演出開始前不久，觀眾席中突然炸開鍋似的出現一陣騷動，傳進蓋鳴暉耳朵的消息，是「聲哥」親自來看她們演出了。

「當時，聽到『聲哥』來看我們演出的消息，大家都很興奮，對我們這些初出茅廬的粵劇新人，更是很大的激勵。」蓋鳴暉後來說：「因為大家都知道，『聲哥』平日很少外出應酬，要他出一次山很不容易，更別說去看一批新人演出了。沒想到他不

但來了，而且還看足全場。更沒想到的是，中場休息時他還親自到後台來探望大家，對我們語多鼓勵。」

她還記得，「聲哥」到後台的時候，她正在更換俗稱「大靠」的戰袍，「聲哥」見她動作不規範，更上前親手為她「戴盔頭」和綁靠帶，一邊提醒她：「深呼吸，別緊張，不要憋氣⋯⋯」

望着近在眼前的偶像正親切地為自己整理衣冠，蓋鳴暉內心不禁突發奇想：「要是我能夠拜他為師，那就太好了⋯⋯」

沒想到多年以後，她欲拜「聲哥」為師的願望居然夢想成真了，其淵源正是這次在「粵劇新秀匯演」中的邂逅。

歲月不負有心人

三十多年後，在回顧自己的從藝歷程時，蓋鳴暉曾經說：「在我的人生中，有兩位好朋友，他們是兩位『仁兄』，一個叫『機會』，一個叫『幸運』。我很感謝這兩位『仁兄』帶給我的一切，使我能夠在演藝事業中拾級而上，逐步登高。我很明白，對任何人來說，機會和幸運都並非必然，也不是『奉旨』要跟着你一輩子的。所以，每當機會和幸運到來時，我都格外珍惜，希望能好好把握住。有句話說『機會是留給有準備的人』，我很同意這個說法。當然，也有一些做好準備、一心等待機會和幸運出現的人，最終不一定能如願以償，但只要真正掌握到一次，就可以藉着它發揚光大，從而實現自己的理想和目標⋯⋯」

蓋鳴暉曾聽粵劇界的前輩說過，在粵劇界有「三年出一個狀元，十年未必出一個大佬倌」的說法。所以，身在粵劇界的她，從一開始便未敢有絲毫怠慢，並經常保持最佳狀態，以應對可能突如其來的轉機。所以無論在甚麼環境下，她都不會「將貨就價」的欺騙觀眾，無論是戲服、佈景

或是演出效果都力求盡善盡美。而且她深信，即使只是飾演一個小配角，平日也要勤力練習，做足預備工夫，才能迎接突然而來的機會，因為機會往往只得一次……

她還提到，她一直奉行的格言，就是「繼續努力，只要我仍然可以在這崗位上工作，我就有機會發展」。

經過「粵劇新秀匯演」的洗禮，社會上特別是粵劇界有更多人開始認識蓋鳴暉了，她的社會關係也在無形中開闊了。

最有意思的是在「新秀匯演」結束不久，一位新認識的「班政家」知道她早年曾有拜鳳凰女為師的念頭，竟主動提出帶她去鳳凰女家拜訪她的這位昔日偶像，同時把演出的錄影帶給「女姐」看，請「女姐」指點一下。

對於這次造訪，蓋鳴暉有着如沐春風的記憶。「女姐」豪爽好客，健談而且幽默「鬼馬」、平易近人。她對蓋鳴暉這樣一個無名之輩同樣熱情有加，還招呼她留下一起吃飯。最使蓋鳴暉難忘的，是「女姐」諄諄善誘地談起了她幾十年演戲的心得。特別是在席間，拿起一雙筷子，然後對着筷子示範如何與戀人談情說愛、眉目傳情，再擴展到如何揣摩角色、如何塑造人物、如何「入戲」……

蓋鳴暉甚至還記得「女姐」說過的一些原話：「例如：『舞台是抽象的，演出的時候要有想像，要有幻想的畫面，扮出來不能造作…』；『要多注意生活細節，例如大婆肚是怎樣走路的，可以去街上觀察……（難怪「女姐」在《鳳閣恩仇未了情》一劇中，演繹郡主大肚那場戲如此神似精彩！）』還有，不同年代有不同的做法，古代洗衣服、擔水的動作就跟現在不同，要多加留意。演出時，要找一個有趣的小動作……」最後，「女姐」還補充了一句：「你現在未必明白我說的話，那就先聽着吧。」

「女姐」的這些經驗之談，蓋鳴暉不但認真地聽進耳中，而且深深地銘刻在腦海裏。對她來說，這是一堂具有啟蒙意義而且生動的表演課，成了終身受用的「寶典」。由此啟發了蓋鳴暉如何去觀察生活、揣摩角色，從而更準確地塑造人物。

在尚未出道便能得到「女姐」如此真誠的提點，其中也許有「人夾人緣」的因素，更貼切地說，是蓋鳴暉口中的「兩位仁兄」在她人生中的一次光臨。

沒想到再過沒多久，機會和幸運竟又再次降臨在蓋鳴暉身上。

這一天，她接到一個電話，傳來了一個對當時的她可說是「石破天驚」的消息。電話是「聲嫂」紅豆子（即林家聲夫人。原名魏筱靈，粵劇旦角，師承名伶紅線女）打來的。大概是因為「聲哥」看了蓋鳴暉在「粵劇新秀匯演」中初試啼聲的演出後，認為她是可造之材，所以託「聲嫂」打電話給她。

「聲嫂」開門見山，說「聲哥」的「頌新聲劇團」準備演出《周瑜》一劇，問她有沒有興趣演出劇中趙雲一角。

蓋鳴暉一聽，簡直不敢相信自己的耳朵：「我當然有興趣！不過……我害怕演不好，我不懂！」

「不用怕，你不懂，『聲哥』會教你！」「聲嫂」直截了當地說：「那就這樣決定了，明天開始，你來我們這裏練功！」

於是，從第二天開始，蓋鳴暉每天下午便到「聲哥」家裏練四個小時功，由「聲哥」親自指導。練完後，「聲嫂」還經常留她在家吃完晚飯才走。

經過一段時間的練功後，便進入正式演出階段一直至演出結束。過程中，「聲哥」不但傳授她具體的舞台技藝和粵劇知識，還鼓勵她要「多學、多練、多看、多演、多想」，言傳身教地為她講解做人處事的道理，希望她做到「決心、恆心、苦心、信心、

與師父林家聲（左）及師母（中）合照

虛心、愛心、良心、忠心」。這「十字真言」和「八心」，遂成了蓋鳴暉的座右銘。

其實不必多作介紹，大家也可以想像到，這次和「聲哥」同台演出，對蓋鳴暉所產生的重要意義。最淺顯的是，她的自信心增強了，知名度提升了，功夫更扎實了，舞台上的總體表現也邁上了新台階……而這一切，都來自於「聲哥」對她的「傳、幫、帶」。

蓋鳴暉十分明白「聲哥」有意提攜的苦心，所以她一直說

一九八七年是她演藝生涯中最關鍵的一年，也是福星高照的一年。福星指的當然就是「聲哥」。不過，還有另一位福星，也在這一年悄悄地降臨在她身邊，這就是三年後為她建立以她為台柱的「鳴芝聲劇團」的劉金燿先生夫婦。他倆在蓋鳴暉後來的際遇中，成了她的「再生父母」。

喜事就這樣朝着蓋鳴暉接踵而來，來的無疑是她口中的「機會」和「幸運」，同時也對應了「歲月不負有心人」這句話。

天降的福星

事情又得回到一九八七年的「粵劇新秀匯演」。

就在蓋鳴暉第二天演出《牡丹亭驚夢》時，有一個在座觀看的人便是劉金燿先生的太太。劉太太雖然是個標準粵劇迷，但對新人演出並沒有興趣，這次純粹為了陪伴好友，才勉為其難地前來觀看。也許正因為本來對演出不抱希望，看完之後，竟對蓋鳴暉另眼相看，認為她潛質優厚，前途無可限量。

後來她和蓋鳴暉在共同的朋友介紹下認識，更在緣分使然下，有很多見面的機會。所謂「人夾人緣」，後來便逐漸成了經常來往的莫逆之交。

劉太太認為蓋鳴暉是可造之材，加上喜歡她的為人作風，所以決定助她一臂之力，不惜花錢請粵劇界大師上門指導她。

蓋鳴暉還記得，當她初次聽到劉太太說要她去向這些大師學藝時，不禁大吃一驚，因為她知道，這些大師教一堂課的收費不菲，絕非自己所能負擔。

不料，劉太太說：「學費的事，我全包了，你不用操心，只要好好學、安心地學就是了！」

在名師指導下，蓋鳴暉在粵劇方面的才華越來越煥發出來，無形中成了後來劉金燿夫婦為她成立劇團的前奏。

多年後，蓋鳴暉在回憶和

一九九〇年演出《牡丹亭驚夢》

劉金燿伉儷相處及共事過程時，曾經這樣說：「劉先生以前是做旅遊生意的，在商場多年，生意做得很成功，後來移居美國，過着優悠的生活，一九八九年三藩市大地震後決定回流香港。他們認為我是可造之材，為了證明自己的眼光，決定在我身上投資數百萬，用三年時間栽培我，並建立以我為台柱的劇團，如果成功就繼續下去，如果失敗就另謀出路……」

這很像是電影裏的劇情，然而卻真實地發生了。劉先生和蓋鳴暉的合作剛開始時，一切以商業原則辦事，但隨着時間及演出的成功，雙方的共事形式很快便超越了利益考量。劉金燿伉儷古道熱腸的作風，義無反顧地全力支持蓋鳴暉的演出，幾年間把「鳴芝聲劇團」變身成無人不知的戲班！過去三十年來「鳴芝聲劇團」所取得成就，有目共睹！

有關為蓋鳴暉組建劇團一事，是劉先生回港後主動向蓋鳴暉提出的。當時蓋鳴暉只是個新人，當然興奮不已，她很清楚明白，作為一個羽翼未豐的新人，如果沒有伯樂和投資者支持，連落班演出都有困難，組自己擔綱的戲班，簡直是癡人說夢！然而，事情就這樣真實地發生了，可以理解為甚麼蓋鳴暉至今仍對劉先生深懷感激的心！

劉先生為人坦誠，與蓋鳴暉談到今後發展時，曾經很實在地對她說：「我自己知道，組劇團演戲賺不到錢，甚至是個無底深潭，希望你也理解，不要計較做戲的收入和得失。」

「粵劇是我的畢生夢想，我不會在意錢多錢少，就算你不給我錢，我也會悉力以赴的。你願意提攜我，是我的福氣，我已經很感激了。」蓋鳴暉真誠回答。兩人的共事關係就在這一問一答中建立起來。

事實上，劉先生既非唯利是圖的人，更具有長遠的眼光。他為了日後的發展，制定了具體的

二〇〇九年，蓋鳴暉生日。
左為誼母劉金燿太太。

二〇〇五年，蓋鳴暉與誼父劉金燿先生同遊英國。

在八和粵劇學院練功

方案，並採取「兩條腿走路」的方式落實。一方面是聘請音樂大師朱慶祥等粵劇界名家對蓋鳴暉的「唱、唸、做、打」作針對性的指導和調整。

鑒於蓋鳴暉遠在大埔居住，為了縮短她每天花在交通上的時間，以便有更多時間學習和休息，劉氏伉儷還安排她住進家中。難得的是，不單劉先生夫婦，連他們兩個女兒雖然一度對家裏來了一個「不速之客」不大理解，但很快也消除芥蒂，視她為家人，彼此相處得十分融洽。

劉先生有見及此，索性把蓋鳴暉認作乾女兒，蓋鳴暉也就直稱劉先生夫婦為「爸爸」、「媽媽」了。

至於她的親生母親，對她寄居在劉先生家中也表示理解和支持，只叮囑她循規蹈矩，不要影響別人的正常生活。

一方面，蓋鳴暉集中精力學藝，而另一方面，劉先生夫婦則全力落實組建劇團的各項繁雜事宜，同時以製作優質粵劇為目標，進行人員和物資配對，終於在翌年（一九九〇年）正式宣佈成立以「鳴芝聲」為名的劇團。

潔身自愛、自珍羽翼

在宣佈劇團成立前，劉金燿夫婦還為蓋鳴暉做了一件關乎她終生的事情，就是為原名「李麗芬」的她取了「蓋鳴暉」這個藝名，同時把劇團定名為「鳴芝聲」。

「後來，很多人都問我關於藝名和劇團名的出處。當時為了隆重起見，我們是特意去找一位著名的玄學家幫忙改的。」蓋鳴暉事後回憶說：「這個『蓋』字，是一位老前輩提議的，因為他知道有位京劇名家叫『蓋叫天』，覺得用它做姓氏很特別，既容易記，又有男子漢的豪氣，所以選了它。至於名字，則是由玄學家提議，再由我們選取的。名字的意思很簡單，就是歌要唱得好，還希望能一鳴驚人，期盼事業如

日方中。」

蓋鳴暉出道以來，一直受著名劇作家葉紹德老師（「德叔」）照顧，他勉勵蓋鳴暉說：「船多唔搖海（意指只要有才華，一定有出頭！藝海廣闊，多多益善！），最重要看你自己有沒有『料』而已！」

在「德叔」的祝福和提攜下，「鳴芝聲」這條船終於衝出了大海，不斷迎風破浪，一如既往地朝着既定的方向前進。

回顧過去三十年，可以說，蓋鳴暉和整個「鳴芝聲劇團」的歷程基本上都是順利的，所謂「順利」，並非說他們沒有遇上艱辛困難，而是最終都能一一加以克服。

在最初幾年，最大的問題是入不敷支的經濟問題。作為新成立的長線劇團，有很多東西需要添置，還必須有一批固定的台前幕後工作人員，這便是一筆不小的固定支出。支出需要靠票房彌補，那就得演更多戲，吸引更多觀眾……

「鳴芝聲劇團」幸虧有劉金燿先生這樣的支柱，在整個營運和發展過程中起到了「定海神針」的作用。他並不「將貨就價」，而是不斷注入資金，堅持以製作優質節目為宗旨，以提高觀眾對劇團的信心。同時發揮他在商場的成功經驗「包裝」劇團，利用人脈開展各種宣傳推廣活動。最特別的是，他還在粵劇界首創提供免費巴士服務，用來把遠道前來觀看劇團演出的夜場觀眾送回家。「鳴芝聲劇團」成立後第二年（一九九一年），更不惜投放資金，安排劇團遠赴美國演出。

劇團在劉金燿先生安排下，遠赴美國拉斯維加斯賭場及三藩市演出粵劇。這次演出過程順利，也令劇團的知名度提升。期間卻也發生過一件至今仍深刻在蓋鳴暉心間的事情，雖然是小事，但引起的心靈觸動卻不小。

在啟程往美國之前，為了確保能依時出發，蓋鳴暉早已按

照要求向美國駐香港領事館遞交入境申請。直到出發前兩天，突然接到美國領事館的電話，要她馬上去一趟領事館。結果獲對方當面告知，她入境美國的簽證不獲批准，因為她被懷疑曾經犯過案，除非她領有香港警方發出的「良民證」，否則不會批准她的簽證。

蓋鳴暉雖然力稱自己清白，但卻不被對方接受，只好離開領事館，四出找人想辦法解決。劉金燿夫婦知道後，礙於時間太匆忙，也無計可施，心中也不免擔心她真的曾經誤入歧途。無奈之下，蓋鳴暉只好兩手空空地重回領事館，領事館職員即着她先行離去，說翌日會給她正式通知。蓋鳴暉一時間百辭莫辯，欲哭無淚，一行人只好又垂頭喪氣地離開。

就在一行人走出領事館之際，突然有一名領事館女職員追了出來，遠遠地把蓋鳴暉一行人喊住，稱領事已經批准了她的入境簽證。

事源乃因有一位和蓋鳴暉原名「李麗芬」名字相同的人曾經犯過法，留有案底。後來經領事館及時查出，此準備赴美的「李麗芬」非彼在獄中的「李麗芬」，她前往美國的演出始能成行。當下，一眾人在領事館外禁不住高興地相擁而泣。

這雖然是一場虛驚，卻給了蓋鳴暉很大的觸動和感悟，以後時刻牢記着做人一定要潔身自愛、自珍羽翼，更加不能以身試法……後來她更加認識到，這不單是對自己，也是對戲迷甚至整個社會的責任。

記得在她成名後的一天，有位十七八歲的女戲迷來找她，說知道她喜歡「唐老鴨」，所以特地買了一個來送給她。經了解，才知道對方來自臺灣，而且是瞞着家人偷偷飛來香港看她的。雖然經她勸說，對方很快便飛回臺灣，但此事給了她很大的觸動。一個戲迷對偶像的感情和信服程

度，原來可以甚於自己的家人，而偶像的言行也會直接影響戲迷，甚至起到示範的作用。

做足一百分

美國之旅終於成行了，首站是美國著名賭城拉斯維加斯。

拉斯維加斯這座徹夜不眠的城市，散發着讓人目不暇給的獨特風情。對於初次出遠門、年紀輕輕的蓋鳴暉來說，一切都顯得新奇有趣。充滿好奇心的她當然也不願意平白錯失擺在眼前的觀賞和遊玩機會。可是，岔子就這樣出現了。

不知不覺到了登台演出的第一天，首天演出的是《再世紅梅記》。演出開場後，一直都很順利。直到唱至其中一段曲詞時，蓋鳴暉突然「卡殼」了。此時的她，只感到腦海一片空白，竟連接下去的歌詞也忘了。這種情況，在戲行裏稱為「發台瘟」。幸好，她很快便恢復過來，整個演出節奏大概只拖慢了「半個拍子」。

雖然演出沒有受到影響，但蓋鳴暉對於這次失誤卻深深自責、懊悔不已。所以自此之後，每逢有演出，她都會儘量推掉所有應酬，專心一致地為演出做準備，確保能以最佳狀態在舞台上出現。

後來，我曾經問蓋鳴暉：「為甚麼對只有半拍的失誤也如此緊張？」

她回答，因為在此之前曾獲「聲哥」林家聲提攜，有機會和他同台演出，親眼目睹「聲哥」在每次演出前，都會提早大半天去「走台」，或者在後台來回踱步、思考演出的各項細節，以免在演出時出現差錯。就算他演過無數次、早已滾瓜爛熟的開山名劇也沒有例外，都要在演出前一晚，從頭再背一次，才能踏實地登台演出。「聲哥」對藝術的追求和嚴肅的態度深深地震撼了她。

「大名鼎鼎的大佬倌尚且如此，何況是初出道的自己呢？」

《再世紅梅記》

蓋鳴暉說。隨後,她又提起一件後來發生過的事。

那時,她的演出事業已進入成熟階段,有一天演出結束後,一位戲迷在和她合照時興奮地告訴她說:「你剛才的演出我太喜歡了,我還聽得出有兩個地方你改動過,跟以前不同,改得太好了!」

「那些戲迷,很多人每部戲都會看,而且看過無數次,所以對每部戲早已瞭若指掌,你稍有一點點改動,他們馬上就能發現。同樣的,如果演出時出現小小的差錯,也同樣躲不過他們的『法眼』,想瞞也瞞不了。」蓋鳴暉深有感觸地說:「所以,我對戲裏和戲外,一直都不敢有絲毫懈怠,希望能做足一百分。」

為了做到一百分,除了台上

演出，更多要靠平時準備。據統計，「鳴芝聲劇團」每年的總演出場次，基本上在一百至一百三十場之間。場次不少，劇目也多，而且常有新劇目，單是背誦劇本便要耗去大量的時間。

所以，她一有時間便會爭分奪秒地重溫台詞和歌詞。也因為這樣，曾發生過一些「有趣」的事情。

「有一次去大澳演出，途中我如常地利用坐船的時間投入劇中角色和自我練習。沒想到有同船乘客見我對着海面喃喃自語，時而喜時而悲，而且動作古怪，竟以為我有神經病，避而遠之。」蓋鳴暉笑着回憶說：「後來有一次在電視台，演出前在『木人巷』做準備時，也同樣被人認為『不正常』，最難理解的是，認為我不正常的人，竟是一名記者⋯⋯」

聽蓋鳴暉說，每次演出都「希望能做足一百分」，我又在想，要做到這一點，除了要做好原來既有的程式外，更需要不斷在原有的基礎上進行提升。換句話說，就是不斷地尋求突破、超越自己。而要達到這樣的目標，便需要學習。

又記得有一次，曾經問起她在八和粵劇學院訓練班「畢業」後的經歷，她聽了我的問題後立即糾正我說：「我們在粵劇訓練班完成課程後，我們只說是『結業』，而不說『畢業』。因為按粵劇界前輩的說法，學習粵劇是永無止境的，每個不同的階段都需要學習。」

蓋鳴暉也確實如她所說的那樣去做。這裏再舉一個例子。那是一九九四年九月，她為了演出《寶蓮燈》，曾到廣州粵劇學院進行了整整一個月的訓練，並學習劇中將要用到的「脫手」、「頂鎚」、「斧頭功」等技藝。

那時，蓋鳴暉就住在學院宿舍裏，負責指導她的是以嚴謹見稱的原「廣東粵劇團」著名鬚生、擁有廣東四大天王「靶子王」稱號的「朗伯」譚朗標先生。採用的是一對一的教學方式，每天從早上九時到下午五時，除了中間的午膳及午睡，足足要進行六個小時的強度訓練，一個月下來，她的體重竟驟降至九十多磅。

可能因為體力消耗太大，訓練至尾段時，她在練習從十幾呎高處空翻下地時不慎摔傷，導致其中一條腿的膝關節韌帶撕裂……

此後，她並沒有因此而退縮，依然練功不懈，一再印證了她曾說過「自古成功非僥倖」的理念。

飲水思源，切勿忘本

「鳴芝聲劇團」在上下共同努力及精益求精的精神推動下，營運情況很快就有好轉，入不敷支的差距逐漸縮小，蓋鳴暉的事業也隨之穩步向前。

「經過幾年的努力，捧場的觀眾日多，雖然仍未達至收支平衡，但總體情況已經有很大的改善。」蓋鳴暉回憶當時的情況時說：「那時，碰上一些粵劇行家搞移民，又有一些大佬倌退隱，無形中增加了我們取得演出檔期、特別是好檔期的機會，這等於給了我們更大的生存和發展空間。所以說，一個人也好，一家公司也好，際遇的好壞往往是

受到『天時、地利、人和』所左右的……」

她說得一點也沒有錯，正如一九八七年「粵劇新秀匯演」時，「聲哥」林家聲曾到後台為她上大靠，當時她心中本以為不可能的拜師夢想，終於也隨着際遇實現了。

一九九三年，一個將閃亮蓋鳴暉演藝生涯的際遇，又一次降臨到她身上。

那天正值「聲哥」生日，在私人慶祝聚會上，蓋鳴暉衷心地向「聲哥」表達了拜師的請求，並得到「聲哥」的首肯。

經過簡單而隆重的拜師儀式後，「聲嫂」突然神情嚴肅地對她說：「現在，你和『聲哥』已經有了名分，不過，我們暫時不會對外公佈這個名分。你既然做了『聲哥』的徒弟，我不希望日後你做出有損師父聲譽的事，在粵劇界以及這個行頭中，都不要行差踏錯。所以，我們還要觀察你一段時間，互相有個考驗，等到適當的時候，再正式給你名分。」

聽「聲嫂」話中的意思，等於說「聲哥」和她的師徒名分還需要有一個「試用期」。所以，此後在公眾場合，蓋鳴暉也依然以「聲哥」稱呼林家聲。同時也逐漸明白到，師父對自己的考驗其實是愛護自己的表現。直到六年後的一九九九年，他們的師徒名分終於正式對外公佈。

尚記得蓋鳴暉說過，在八和粵劇學院的當眼處，掛有「飲水思源，切勿忘本」的醒目牌匾，它所昭示的是粵劇界十分重視的「尊師重道」傳統美德。正是在它的薰陶下，「尊師重道」也成了蓋鳴暉性格中的一大特色，這從她早年的一篇〈感言〉可見一斑：

「小時候老是聽說：『尊師重道』，但卻不甚了了；及至投身粵劇界成為八和之一分子後，才開始逐漸啟竅，深切理解到粵劇界傳統『尊師重道』精神，誠如引路明燈，使我得見人生之正確路向。

梨園子弟，對『尊師重道』尤為重視，所謂：『一日為師，終身為父』，此金句更為我輩經常琅琅上口，而八和會館之格言：『飲水思源，切勿忘本』，實乃如暮鼓晨鐘之座右銘。多年前，我自投身於八和粵劇學院學習粵劇始，在我自己身體力行過程中，體會到不少師長之悉心訓誨，在毫無保留之心態下諄諄善誘，諸如：學習曲藝、舞台身段、水袖、北派功架等，均獲各師長傳之以

一九九三年，蓋鳴暉（左）與師父林家聲（右）到三藩市演出《六國大封相》。

一九九三年，蓋鳴暉（左）與師父林家聲（右）到三藩市演出《樓台會》，蓋鳴暉飾演書僮士九。

心得，授之以技巧，使我在粵劇之造詣奠下良好之根基，培育着我之藝術生命不斷成長茁壯。

自古成功非僥倖，在未來之歲月中，我將會繼續努力學習，刻苦奮鬥，永遠不會忘懷栽培我、鼓舞我之老師，有恩於我之前輩；來日若有所成，實賴眾師長、前輩及好友所賜，古語云：『施惠勿念，受恩莫忘』，願有朝一日，與大家共同分享成功之美果。」

永恆的回憶

蓋鳴暉和「聲哥」的師徒名分，早在一九九三年已經確立，但到六年後的一九九九年才正式公開，也許可以說，他們的情誼是經過時間考驗的。而促成這件事，是該年蓋鳴暉獲「杜 Sir」杜國威先生邀請，參與他擔任編劇的舞台劇《梁祝》，與謝君豪先生分飾梁山伯與祝英台的演出。

「那是我第一次參與舞台劇演出，演出前足足進行了兩個月的排練。我和原先並不熟絡的謝君豪也成了好朋友，大家都很珍惜這次合作機會。為了增加投入感，我們平時也以劇中人物的名字相稱。」蓋鳴暉回憶起這次演出時說：「演出開始後，一切都很順利。我還記得曾教我唱歌的羅文老師看了演出後，向我提了意見，說我在『跳墳』時，下跳時有點遲疑，與當時的人物情緒並不吻合……」

按計劃，《梁祝》將公演三十六場。不料在平安夜演出第九場時，發生了不平安的意外。事發於演至最後「化蝶」一幕時，飾演祝英台的蓋鳴暉按劇情跳下大約兩米深的「墳墓」時，意外地落在鋪有軟墊保護的安全範圍之外，雙腳一扭，當即重摔在台上。一時間只感到呼吸困難，伴隨着錐心的疼痛，竟爬不起來。旁邊的謝君豪見狀，也心知不妙，扶

着她足足花了兩三分鐘，才爬上原先起跳的位置。

礙於演出必須繼續，兩人只好互相配合，裝作若無其事地繼續演完「天外飛仙」，直至演出結束。謝幕後才由在無綫電視任職監製的好友潘嘉德先生背着，送往最近的醫院檢查。經醫生診斷為一邊膝關節韌帶嚴重撕裂，並囑咐她需即日休息。

「記得一九九四年我在廣州粵劇學院練功時，曾試過膝關節韌帶撕裂，而這次傷的是另一邊膝關節的韌帶，可謂禍不單行。」蓋鳴暉後來笑着回憶說。

受了傷，那剩下的二十幾場演出怎麼辦？

據悉，當天晚上蓋鳴暉受傷、在醫院接受治療的時候，「杜Sir」曾打電話給她，商量第二天日場演出的事情。如果她演不了，便需早作安排。而她的回答是：「演，我繼續演！」

為了照顧蓋鳴暉的傷勢，他們一起實事求是地對演出內容作了調整，並刪去了「跳墳」的安排。她就這樣，帶着傷再次披甲上陣。大家可以想像到她在整個演出過程中，所承受不斷加劇的痛苦。為了掩蓋因疼痛而變得慘白的臉色，她只好化上比平時厚重的舞台妝。在演出時，當雙腿發麻時，她只好暗中用手使勁地掐自己的大腿，使它恢復知覺，就這樣咬緊牙關堅持到最後一秒鐘，演完餘下的二十七場戲。

「受傷之後繼續演出，我並不擔心自己的安全，反而為我受傷而影響原來的演出安排感到不安。」蓋鳴暉在回憶時又說：「我最窩心的，是再次演出時，『華仔』（劉德華先生）曾到後台來探望我們一班演員，安慰我說『其他的事都不要緊，只要人沒事就行』，他的話使我得到釋懷，心想，只要一息尚存，便還有希望。」

演出結束後，不單劇組中人，連觀眾以及媒體也都被蓋鳴暉敬業樂業、堅韌頑強的專業精

二〇一四年，《星海留痕》，飾演小明星。

神所感動，這種精神同時也感動了在劇場親眼目睹她演出的「聲哥」和「聲嫂」。

演出結束後，蓋鳴暉去探望「聲哥」和「聲嫂」。甫坐下來，「聲嫂」便不無讚歎地對她說：「真沒想到，你居然能夠堅持演完後來的二十幾場戲！」

「這是演員的責任，是應該的。」蓋鳴暉回答。

緊接着，「聲嫂」說了一句讓她激動不已的話：「我和『聲哥』商量過了，就憑你這一點，是時候給你一個正式的名分了！」

聽到「聲嫂」的話，蓋鳴暉頓時哭了起來，流下幸福的眼淚，這是經過六年「考核」而獲得的成果。從此，人前人後，她便可以公開稱「聲哥」和「聲嫂」為「爹爹」和「媽媽」了。

後來，在回憶六年前的拜師一幕時，「聲嫂」曾語重心長地對蓋鳴暉說：「那時，我們雖然覺得你是可造之材，但對你的了解還不夠，擔心你是一個有『機心』的人，只把拜師作為向上爬的『踏腳石』，所以要再觀察你，一是要觀察你的人格，還要觀察你能否經受得起衝擊和磨練⋯⋯」

雖然說「聲哥」一九九九年才對外公佈他和蓋鳴暉的師徒名分，但實際上從一九八七年起，他便一直充當着師父的角色。相處日久，他對蓋鳴暉的指導和幫助，也就更加直接和全面了。

「但有兩個角色，『聲哥』是不贊成我演的，一個是周瑜，一個是豹子頭林沖，因為我作為女文武生，脂粉味太重，觀眾首先便不認同，硬要演只會事倍功半。」蓋鳴暉回憶時說：「他還常常鼓勵我，不必樣樣仿效他，只要精神上符合、『用心』就行。師父本身是個與時俱進、不會故步自封的人，所以他也希望我能『走』出自己的『路子』來⋯⋯」

二〇一五年「聲哥」離世，對蓋鳴暉來說，無疑是個極大的打擊。她說：「我非常敬佩『聲哥』，以後會跟着他的方向做事，

做好自己，同時也要做好榜樣給後輩參考。『聲哥』給了我一盞明燈，教會我很多做戲知識和做人道理，要求我永遠做個一百分的出色藝人，思想要上到最高峰，要不斷提升自己的藝術造詣。我要做出好成績給師父看，希望師父在天上能看見我們這班後輩將粵劇發揚光大，這也是師父和我的心願……」

而「聲哥」和蓋鳴暉這段歷經考驗的師徒情緣，就成為了彼此間永恆的回憶。

春花秋實的背後

回顧蓋鳴暉從藝三十年的歷程，我將之概括為「春天與秋天的故事」，是一程春花秋實的相遇。

春花的繽紛艷麗，秋實的纍纍碩果，需要辛勤耕耘、精心培育。從以上蓋鳴暉忍着傷痛演完二十七場舞台劇的事，可以感受到她在演藝道路上所付出的心血、砥礪前行的身影和奮力進取的意志。以下再分享幾件她在「春花秋實」背後的故事。

其實，舞台劇《梁祝》只是一齣文戲，演出時居然也能使她受傷，如果說到她以文武生身份演的武戲，受傷的機會就更多了。就算不說受傷的事，單說苦況也是夠受的。

「女孩子演文武生，有一個『先天不足』的地方，就是身材吃虧，比較嬌小，一旦演起雄赳赳的男子漢時，便會出現不夠壯碩魁悟的問題，而解決這個問題的最簡單實用方法，便是在戲服內多穿一件棉衣，把身體「撐」起來……」蓋鳴暉說。

大家都知道，文武生的一身戲服有好幾件，還要戴頭套和帽子等，本身已經很熱（冬天會好一點），演出時加上舞台燈光，光站着不動往往已經大汗淋漓，如果再加上棉衣和用來吸汗的毛巾衣，那就熱上加熱了。所以，一場戲演下來，單是更換用來吸

《龍鳳爭掛帥》，飾演上官雲龍。

汗的毛巾衣，起碼要五六次，而更換下來的毛巾衣，往往可以擰出水來。

在蓋鳴暉的記憶中，印象比較深刻的演出有兩次。一次在西貢白沙灣演出《龍鳳爭掛帥》，正常溫度是三十多度，而舞台範圍的溫度則高達五十度，演到後面上大靠的階段，站到虎度門時已經喘不過氣來，有即將休克的感覺。

另有一次在屯門三聖村，也有同樣的中暑狀況，但她一直以意志堅持住，直至謝幕後，心理上一放鬆才猛然昏倒在地上。

「粵劇界有句話，一踏出『虎度門』就一定要做到最好，這也是我們演出時的傳統規矩，不管心中有甚麼不高興的事，一到舞台上便要投入角色，無論身體多麼不舒服，演出時也要保持精神，不能露出疲態，所以，我當時明知已經中暑，難以支撐，仍要強撐下去，直到演出結束謝幕時都強打精神，完全是一副『正常人』的模樣。直到大幕一閉上⋯⋯」蓋鳴暉回憶時，淡淡地笑着說。

《龍鳳爭掛帥》，飾演上官雲龍。

說到受傷的事，更是她的「家常便飯」，不過她說：「因為怕母親擔心，我受傷的事往往不讓她知道，特別是在外地演出時，劇組的人也會替我保守秘密。當然，不是每次都能瞞得住她。」

提到蓋鳴暉受傷最嚴重的一次，要算二○○九年三月十日晚上在上水河上鄉演出「神功戲」《寶蓮燈》時。那本是整個演出的最後一場，而且已屆演出的尾段。事發時她正準備從高處打空翻下地，剛一發力，所站位置突然塌陷，致使她失去重心，重重地摔到台上。結果無法動彈，也無法像當年演出舞台劇《梁祝》那樣，佯裝若無其事地繼續演下去。演出被迫腰斬，她也被救護車送往醫院。

「在舞台上摔倒後，我已感覺到這次傷得不輕。被送上救護車時夜已深，也不知道是不是幻覺，我透過救護車頂的天窗向上望時，看到的竟是一片藍天白雲。……我心中最害怕的是從

此不能再上舞台，於是內心暗暗向上蒼祈禱，希望上天不要把我的粵劇夢收回去，讓我可以繼續演下去，完成我和粵劇的終身誓約。」蓋鳴暉回憶當時的情形時說。

據悉，當她被送進醫院後，在醫生到來之前，先有一位護士前來照料她，並問：「有沒有麻痺的感覺？」

「沒有！」

「那就恭喜你了。」護士說。

護士的意思是，根據她的經驗，如果感覺麻痺，即是表示有可能傷及中樞神經，反之則有利於日後的康復。後來經醫生診斷為兩節尾龍骨裂開，果如之前的護士所料，沒有傷及有神經線的幾節。

不幸中的大幸是，她摔下時，撞到的是木方，如果撞到角鐵或鐵釘就不堪設想了。根據醫生的評估，康復時間可能要半年甚至更長，必須臥牀，不可以做稍微使勁的動作，而且不能保證

一九九四年首次演出《寶蓮燈》，飾演沉香。

日後腰部功能能否達至原來的水平。即是說，她的粵劇演出生涯有可能從此結束。

說到這裏，我也不能不為蓋鳴暉在春花秋實背後所受的磨礪油生慨歎。

有一種精神，叫堅持

對蓋鳴暉來說，傷患固然使她痛苦，更使她擔憂的是從此不能再演戲，要告別鍾愛的粵劇舞台。為了延續未竟的夢想，在恢復期間，她忍受着極大的痛楚，積極進行物理治療和鍛煉。

她兩節尾龍骨裂開的事故，根據醫生的評估，康復時間可能需要半年甚至更長，但沒想到的是，蓋鳴暉在六天後竟忍着痛毅然依約出席「小紅船劇團」的慈善演出，深深地感動了主辦機構和全場滿座的觀眾。

當然，她在演出前也作過安全評估，並作出相應的調整，在演出時減少或取消部分動作。除了上述的慈善演出，她也按預先的安排完成了其他檔期和棚期的演出。

「因為這些演出的合約都是由誼父以『鳴芝聲劇團』名義簽下的，如果劇團無法履行演出合約而『撻期』，便要承受很大的經濟損失。」蓋鳴暉回憶時說：「不過因為有傷在身，我們也和簽約的各方進行了協商，在演出時減少或取消部分動作。他們都很體諒，觀眾也十分包容，現在回想起來，我仍然很感動，很感謝他們！」

據說，在蓋鳴暉屢次克服傷患之前，坊間曾有一些人對她一步步取得的成績不以為然，有些人認為她的成功純因「好彩」，甚至將之形容為「大灑金錢，只靠宣傳推廣而造就出來的」。

面對紛紜的說法，她也不去一一解說。因為她不願意活在別人的嘴巴中，人生終究是自己的，不必太在意別人對自己的看法，對的應該聽，不對的則不必

理會。倒不如無聲地做好自己，讓時間開花結果，用事實來作回應。

而她的無聲回應，終在她屢次克服傷患後得到正面的效果，她的努力和堅持得到了客觀的肯定。

這時，我又想起一本在二〇一三年出版、由一位境外作家撰寫的書，書中描述了十二位香港和臺灣藝術家的夢想營運之道。其中有一篇〈一班之首的風範〉，說的便是蓋鳴暉，而集中描述的是她在粵劇道路上的努力和堅持。堅持，成了她被公認具有典型意義的精神。

從以上的事例，可以感受到蓋鳴暉對粵劇的投入程度，她的人生也因此變得精彩。此時，結局如何已非重要，重要的是每一個過程，也讓本來平淡無奇的生活，變得風生水起，趣味盎然。

由此，我又產生了另一個問題，就是在面對過程中巨大的主觀或客觀、有形或無形的壓力時，她是怎樣將之緩解的呢？

「遇到壓力的時候，我會唱歌，不是唱粵曲，而是流行歌曲。我喜歡唱『小鳳姐』（徐小鳳）、『華仔』（劉德華）和「羅記」（羅文）的歌。他們的歌好聽，有正能量，而且我很敬佩他們的為人。」蓋鳴暉說。隨後她又補充，說「華仔」曾經一再鼓勵過她，而「羅記」更曾教她唱歌。

她總是記得別人對她的好，那怕只是點點滴滴，類似的話我已經聽過無數次了。曾聽人說蓋鳴暉是性情中人，她給我的印象也確實如此。

然後她又說：「我還喜歡利用下廚來減壓。我呀，最拿手也是最受歡迎的是番茄炒雞蛋和『黃金蝦』！」她有點得意地說。這時的她，又儼然是個聰敏純真的鄰家女孩。

「鳴芝聲劇團」在一九九〇年成立後，由於營運有道，加上自身努力以及在天時、地利、人和的配合下，一直以生機勃勃的姿

態穩步向前，在「眾星拱月」下，蓋鳴暉也日趨成熟，成了粵劇舞台的耀眼新星，在粵劇舞台內外散發着引人注目的銀輝，並產生了一系列跳出粵劇舞台的演出機會，既豐富了她的演藝經驗，也大大提升了她在社會上的知名度。

跳出粵劇舞台

蓋鳴暉參與粵劇舞台以外的演出，始於一九九五年。先是關注她多時的無綫電視台邀請她主演以民國時期為背景的電視連續劇《刀馬旦》，在劇中飾演女扮男裝的刀馬旦「高一鳴」。據說這是因為她曾參與該台為東華三院慈善演出，而被電視劇監製看中。戲中的角色更像是為她度身訂做一樣。

由於她在《刀馬旦》中展現出的專業素質和得體準確的演繹深得電視台高層賞識，遂為她帶來第二次演出劇集的機會。一九九六年，無綫電視台打鐵趁熱，又邀請她主演了時裝劇《壹號皇庭 V》，在劇中飾演女醫生「夒彧蠱」，這也是她首次以「完整的」女性身份演出的角色。

其後，她一度活躍於電視圈，包括參與了《西遊記（二）》、

一九九五年，首次參演電視劇《刀馬旦》，飾演高一鳴。

《尋秦記》、《金牌冰人》、《蓋世孖寶》等劇集的演出，並獲邀擔任《歡樂滿東華》及香港演藝界大型活動等的司儀，還在一九九八年主唱了大型電視節目《江山如此多嬌》的主題曲。

一九九八年，她應著名編劇杜國威之邀，與謝君豪聯袂主演了以上提到的新編舞台劇《梁祝》。該劇極受歡迎，欲罷不能，結果一共加演至三十六場，而且場場爆滿。

一九九九年，她應邀擔任電視台的旅遊節目主持，遠赴越南、新加坡及海南島等地拍攝旅遊特輯。

二〇〇〇年，她更開始了與香港中樂團合作的大型演出。先是以「鳴芝聲劇團」的名義與該樂團合作粵劇舞樂《九天玄女》，其後又於二〇〇四年、二〇〇五年及二〇〇八年，分別獲邀以個人名義與香港中樂團合作舉辦個人演唱會。

我個人認為，以上三次演唱會對蓋鳴暉的演藝生涯，有着深遠的影響以及特殊的意義。以下將引用二〇〇五年演唱會舉行前的新聞報道，以增加大家對這幾次演唱會的了解：

「對此，香港中樂團藝術總監、首席指揮閻惠昌曾說：『蓋

二〇〇七年於廣州動物園

二〇〇二年於澳洲動物園

鳴暉年輕肯學，去年她初次用不同的唱法演出新作的幾首唱曲，在聲音的發揮上，有很大的突破，效果也相當好，所以我們在去年的演出後，馬上就訂再合作之約。』

蓋鳴暉則表示：『我自出道以來都是以粵曲為主，也曾經以為自己十足把握了唱曲的竅門，但是去年開始，發現天外有天，與中樂團合作，我學懂了看譜，進入樂理的殿堂；今次再合作，閻老師又給我新鮮的課題，我唱幾首粵語小曲，之外還唱流行粵語時代曲，在練習過程中，領略到更深的樂理，這都是我在粵劇團沒可能接觸到的音樂知識，為此我不但自己高興，也要感謝閻老師給我的指導……香港中樂團是個國際級樂團，他們的自我要求很高，一個音，我的情緒達不

到都會再排，所以和她們合作，得益最大的是我。』

所以，這三次演唱會對拓寬蓋鳴暉的藝術視野，特別在提升聲樂水平上，起到了積極的作用，甚至可以說，它使得蓋鳴暉在藝術的殿堂上，又向前邁進了一大步。

以上種種粵劇舞台外的演出，也對她日後重歸粵劇舞台表演產生了有益的作用。例如在早期，她曾有一段時間不太喜歡演粵劇折子戲，原因是幾個折子戲排在一起，彼此之間的情緒反差很大。往往一個喜劇接着一個悲劇，這邊剛笑完，那邊緊接着要哭，演出時調整情緒便覺得很彆扭、也很累。參與了電視劇演出之後，情況便有了好轉，因為電視劇是跳拍的，不同情緒的場次往往交叉來拍，無形中成了她後

戲夢傳奇

二〇〇八年與香港中樂團合作演出

來再演出折子戲的訓練，感情的收放也就變得自如得多。

以上列舉了蓋鳴暉在粵劇舞台外的一些演出。不過，她在與香港中樂團的三次合作後，在此類跨媒體的演出便明顯地減少了。這大概和粵劇在二〇〇九年正式被列入聯合國教育、科學及文化組織《人類非物質文化遺產代表作名錄》有關。這促使她把全部精力更集中地投放在粵劇演出上，希望能製作出與「人類非物質文化遺產」相符的粵劇作品，為它的傳承盡自己的一分力量。

此外，還有一個更重要的原因，就是「鳴芝聲劇團」的頂樑柱、她的誼父劉金燿在二〇一一年不幸去世。

美麗風景線

二〇一一年，身為「鳴芝聲劇團」團長兼班主的劉金燿溘然長逝，一時間整個「鳴芝聲劇團」陷入了迷惘中。業界也頗有一些人眼見「鳴芝聲」的支柱倒下了，「順理成章」地認為劇團將無法維持下去，蓋鳴暉在戲行也難以立足。

當然，事實已經證明，「鳴芝聲」並沒有因此關門大吉，蓋鳴暉也沒有因此黯然離去。而且不但沒有消失，劉幗英女士鋌而接下爸爸的棒子，肩負起團長的重任，蓋鳴暉也化悲痛為力量，一對如親姐妹那樣親的閨密拍檔，沿着劉先生搭建好的階梯，令「鳴芝聲劇團」一步一步更踏實地昂然繼續前進，轉眼跨越了三十個年頭！

人生路迢迢，對蓋鳴暉來說，能遇上一個和她合拍而且情義兩相知的劉幗英結伴同行，乃是人生的一大幸事。所以，蓋鳴暉一再說：「很感謝幗英妹妹獨立承擔各方面的壓力，還不停地鼓勵我，成了我的強心劑。她們全家人對我，可以說恩重如山！」

坊間，有人把「鳴芝聲劇團」稱為「班霸」，更有人把它稱為

「慈善班霸」。前者是指它在粤劇演出方面的地位，後者則是它在社會慈善方面積極有為的寫照，結合組成了一道美麗風景線。

回顧以往，「鳴芝聲」自一九九〇年成立開始，每年都有約十分之一的場次是專為社會慈善籌款的。至於蓋鳴暉，更是身先士卒、不甘後人，三十年來一直積極參與慈善及社會公益服務。

例如，從一九九〇年起至今，每年不間斷地為東華三院《歡樂滿東華》電視節目演出籌款。

另外，從一九九二年及一九九五年至今，每年均分別為保良局及東華三院演出籌款。

「鳴芝聲」所籌得的善款，還惠及香港紅十字會、仁濟醫院、博愛醫院及香港老年癡呆症協會等。除了以上比較固定的籌款演出，蓋鳴暉還積極參與了多不勝數的各項社會公益活動，對敬老、慈幼、扶貧、抗災等更加義不容辭，包括「健康快車」、「護苗基金」，以及二〇〇八年的「眾志成城抗震救災」等。二〇〇五年，更親身前赴外蒙古，為世界宣明會助養兒童計劃拍攝特輯。同年還為新界鄉議局籌建新局址經費，前赴英國巡迴演出籌募善款，反應熱烈，成績美滿。

二〇〇五年，她成立了「蓋鳴暉慈善基金」，積極捐贈東華三院馮敬堯醫院老人科建立「蓋鳴暉關護老人復康病房」。兩年後，再捐贈病牀予國際獅子會腎病中心。

如果說「鳴芝聲劇團」是「慈善班霸」，其中肯定離不開蓋鳴暉的積極推動。當然，一個人的能力有限，蓋鳴暉所做的善舉儘管不是甚麼「驚天動地」的偉業，但是她持之以恆的誠心付出，卻是難能可貴。她只希望起到帶頭作用，鼓勵多些有能力的人多做善事。

以下列出蓋鳴暉多年來在貢獻社會方面所獲得的表彰和獎項：

一九九五年　　獲選為「香港十大愛心之星」

一九九七年　　獲香港特區政府政務總署委任為「關懷大使」；

同年獲西貢區議會委任為「滅罪之星」，還第二度獲選為「香港十大愛心之星」

一九九八年　　第三度獲選為「香港十大愛心之星」；

同年獲選為「敬師運動委員會」主持出版的《名人談敬師》文集作者之一；

同年並獲「康復力量」選出作為唯一的粵劇界代表參與撰述《一百個叻人》一書

二〇〇一年　　獲東華三院頒授「永恆愛心之星」；

同年獲選為「十大傑出青年」，也是香港粵劇界首位獲此殊榮者

二〇〇四年　　獲「漁農自然護理署－漁農話香江」委任為「黃金大使」

二〇〇九年　　獲仁愛堂頒授「傑出愛心演藝人大獎」

二〇一一年　　獲香港柏金遜症基金會頒授「愛心太極之星」

二〇一二年　　獲中國星火基金委任為「星火慈善大使」

二〇一三年　　獲「香港老年癡呆症協會－忘憂草計劃」委任為「六藝大使」

二〇一四年　　獲香港復康會委任為「安老大使」

二〇一八年　　獲香港睦羣助更生協會委任為「慈善更生大使」

二〇一九年　　獲泰山公德會頒授「愛心之星」

記得有人說過:「一個懂得感恩的人,肯定是一個善良的人,一個胸懷若谷的人,一個心地澄明的人。心懷感恩,便能感受到一滴水的潤澤,一朵花的芬芳,才能從他人的微笑中讀出溫暖。」

時光飛逝,愛最動人。而我可以肯定地說,蓋鳴暉所有愛的付出,都源自於她的一顆感恩的心。

蓋鳴暉三十多年從藝生涯彈指而過,縱觀全程,可以說異彩紛呈,處處展示着她堅持追求夢想的成果。人世間,雖然不是所有堅持都能獲得理想的結果,但也總有一些堅持能在看似不可能的土地裏,培育出夢圓之花,而蓋鳴暉就是這樣造就了個人的、也是香港粵劇界的傳奇。對她來說,所有的遇見都是最好的安排。她感恩所有的遇見,那些真正心動的時間,彌足珍貴。

在這個紀念她從藝三十多年的時刻,我不必更詳細地介紹她,因為所有一切已在她的歷程

中、在舞台上,也在平常的生活中閃耀着,同時鐫刻在萬千觀眾的腦海中,成了人們津津樂道的話題。

這就是蓋鳴暉

回顧蓋鳴暉從藝三十多年的歷程,既有坦途,也有逆境。

眼下,她就面臨着因新冠疫情引起的重大挑戰。當然,這也是一個全香港乃至全世界共同面臨的挑戰。但具體落在「鳴芝聲劇團」和蓋鳴暉身上時,他們又是如何應對這個突然而來、已為時長達一年多的逆境呢?

「去年(二○二○年)是我們『鳴芝聲劇團』成立三十年紀念的年份,本來我們準備在春節期間演出李居明大師新編的粵劇《大紅袍》作為紀念演出,沒想到就在臨演出前的一月二十八日年初四宣佈取消了。」蓋鳴暉回憶時說。

演出取消是應政府因疫情肆

蓋鳴暉情繫藝壇三十年

戲夢傳奇

虐而實施的限聚令。據說，劇團當天本已決定於午間十二時舉行啟動儀式，然後開始正式演出。但就在演出前，李居明大師召集了緊急會議，經大家共同商議後，決定取消演出。

對於演出臨時取消，劇團上下都深感無奈，但也只好面對現實，寄望於以後的演出可以隨着疫情受控而恢復正常。可惜，以後的演出（包括原定六月和十月的演出）都因為一波又一波的疫情一而再、再而三地被迫取消。

後來，我有機會見到「鳴芝聲劇團」團長、原班主劉金燿的女兒劉幗英，從她的口中了解到更多細節。

那時，疫情時緊時緩，劇團也一直作好隨時重啟演出的準備，心想就算虧本也要爭取早日「重開鑼鼓」，卻又一再受疫情影響，而被迫取消又取消！

劇團沒有收入，但行政雜費也是一筆很大的支出。及後有一次機會可以在限座條件下演出，高興之餘，劉幗英了解到其他一些劇團下調酬金的做法後，遂與各工作人員商量如何酌量減收演出費用。眾人也都理解劇團的難處，紛紛表示願意共渡時艱。

「我這邊剛跟大家談好了減少酬金的事，沒想到她（蓋鳴暉）知道後，居然不同意，直接把我的做法給否決了。說甚麼劇團一直沒有演出，大家的收入已經不多了，只要劇團還有能力，就不應該扣減大家的收入……還說甚麼她自己可以不收人工，也要保證大家的收入，還要我『度掂佢』（想辦法解決），如果不夠再由她想辦法……」劉幗英回想起這件事時說：「我當時聽了，一時間很不高興，心想我都談好了，大家也都同意了，你卻偏偏說不好，是不是在『玩嘢』（無事生非）？不過，我最終還是照她的意思去做了，我明白這是因為蓋鳴暉體會大家的辛苦，希望大家能共渡疫情逆境！」

在疫情籠罩下，全香港、甚至世界各國的人都在受難！為了踐行對粵劇的理想和信念，蓋鳴暉連同整個「鳴芝聲劇團」上下，一直充滿着熱情，期望演出的一天重來，因此並沒有停止過操練……事實上，除了二○二○年年底在限制入場觀眾數目的情況下曾演出了十二場外，其他日子基本上是處於停頓狀態。

這段沒有演出的日子，蓋鳴暉除了可以靜下來，思考一下以前的自己，也藉此彌補過去缺失的天倫樂之外，她依然把主要時間花在練功和籌劃新戲上。隨着新一年到來，蓋鳴暉又開始了排練，正如她說過的「機會是留給有準備的人」！

尚記得，蓋鳴暉曾給我看過她儲存在手機內的座右銘，只見上面寫着：「不應為昨天的遺憾而傷感，只求今天能做到更好準備，就還會有明天。有明天就有未來，有未來人生就有希望。」

聽到她的表白，我內心也不禁輕喊了一聲：「這就是蓋鳴暉！」

繼承與創新

蓋鳴暉過去三十多年的從藝經歷，包括多方面的內容，而主線當然是粵劇，並集中體現在她的演出中。

據初步統計，「鳴芝聲」自成立以來，她演過的粵劇劇目共有九十一個。如果按每年演出一百場計算，至今總數已達三千場。相比其他劇團，九十一個劇目可說是相對高的，更可貴的是，其中有一部分是原創或新編的。

我認為，採用新編的劇目，涉及到粵劇傳統的繼承、發揚和創新的問題。無可否認，傳統的粵劇劇目中有很多都屬於藝術瑰寶，可作為經典的藝術品觀賞，但當觀眾看了無數遍後，也自然會希望看到新劇目。面對着現在粵劇觀眾羣體出現「青黃不接」甚至有萎縮傾向的現實，這不失為

吸引新觀眾（特別是年輕觀眾）入場的方法之一。但由於時代進步、科技發展以及觀眾欣賞習慣、要求改變等原因，新創作或新編劇目在內容及表現形式上，肯定會出現與舊有劇目迥異的風貌，可以說是創新和改良，在某些人眼中也可能視之為違背原有傳統的「離經叛道」行為。

對此，蓋鳴暉曾明確地說：「創新是有必要的，但必須保留粵劇的傳統精髓。」話雖這麼說，但做起來卻很不容易，因為要拿捏得很準確，才能在新舊之間取得平衡。

正是基於她的意念，以及傳承粵劇藝術的使命感，也是劇團本身擴展生存和發展空間的需要，自十年前開始，她便通過「鳴芝聲劇團」與李居明大師合作進行了一系列實驗。

對於和李居明大師的十年合作，蓋鳴暉曾作出這樣的評價：「李居明大師是我最近十年合作無間的夥伴。大師和我的緣分，不僅造就了我目前十一套首本戲，還延續了新光戲院的輝煌，新舊戲曲交融，創造了粵劇在香港的十年興盛。」

回顧蓋鳴暉和李大師合作，可以追溯到二○一○年。那時李大師剛編撰完他的首部劇本《蝶海情僧》，並邀請蓋鳴暉擔綱主演。初時，蓋鳴暉鑒於雙方素不相識而躊躇不前，後得當時尚健在的「劉爸爸」劉金燿鼓勵，便與李大師接觸。直至雙方一見面，很快便發現大家對粵劇同樣都抱有滿腔熱忱，故一拍即合。就這樣，李大師的首部新編粵劇劇本，就成了蓋鳴暉的首部「開山」新戲。

《蝶海情僧》於二○一一年公演，可以說是一次成功的合作，深受原來的觀眾歡迎，也明顯地增加了一批新的年輕觀眾。同年，該劇還遠赴北京，聯同京劇和越劇在梅蘭芳大劇院進行聯演，開創香港粵劇界的先河。其後，更應邀到日本演出，並通過

二〇一一年《蝶海情僧》，飾演真如。

這次演出，向海外宣揚了粵劇這門充滿香港特色的藝術。

「其實，在初時看完《蝶海情僧》劇本時，我對劇本中的一些安排，例如有些歌曲改編自時代曲、採用電腦燈光營造夢幻色彩等是有抗拒的。」蓋鳴暉在回顧和李大師的初次合作時坦言道：「李大師年輕時曾在以商業電影雄霸電影市場的『新藝城電影公司』擔任宣傳及編劇，加上自小喜歡粵劇，所以他的劇本既有傳統粵劇的一面，同時也融合了商業電影的噱頭和有異於粵劇傳統的表達手法，例如加插急口令、在音樂過門配上歌詞等。他的劇本構思是好的，曲詞也寫得很好，可是就算好，我們也不一定會全盤接受，因為我們也有自己的原則和藝術觀。」

繼《蝶海情僧》之後，蓋鳴暉和李大師又進行了多次合作，基本上是每年一套，至今共十一套。這種「細水長流」的合作方式，正正說明了雙方建立了長期合作的夥伴關係。蓋鳴暉並不諱言，曾因對劇本內容及具體表達手法的分歧，與李大師多次爭論，但雙方卻又能基於對粵劇藝術的熱誠和負責任的態度，最終達成共識和包容，形成一種難能可貴的持續合作關係。

回到最初，尋找未來

轉眼間，蓋鳴暉迎來了「鳴芝聲劇團」成立以來、也是她情繫藝壇三十載的紀念，我在腦海裏又一次回顧了她從「李麗芬」到「蓋鳴暉」的整個過程，心中突然衍生出一個問題：很想知道她怎麼看待這一過程，並就此向她尋求答案。

「如果照着李麗芬原來的生活方式走下去，人生會比較平穩，不會有甚麼起伏，而我，肯定會被這樣的生活模式悶死。我很慶幸能夠成為蓋鳴暉，這正是我希望的生活，使我覺得不枉此生。」她的回答很直截了當：「但要成

為蓋鳴暉，就要接受比李麗芬大得多的人生考驗。你想得到的成功越大，波折便越大。記得有人說過，一個人在走大運之前，一定會先遭遇大的低谷，大的逆轉往往伴隨着意想不到的災難，那就要看你能不能跨過去。如果有充足的心理準備，期間受傷的程度便可以降低，而一旦渡過劫數，就可以跨越彩虹，如浴火重生般大放異彩。可能因為小的時候常常跟着母親去佛堂，所以我一早便明白『萬物循環』和『有生便有死』的道理。在我的觀念中，『死』並不可怕，問題是要『死』得有價值。我們都是人，不能預知未來，甚至不知道下一秒鐘會發生甚麼。既然上天給了你一張人生的『遊戲卡』，那我們當然要玩自己想玩的『遊戲』，盡量珍惜每一天，經歷自己想經歷的夢想。所以，我一旦認清了目標，便會勇往直前，明知前方有艱難險阻也不在乎。這是因為我對我選擇的道路有充足承受結果的心理準備，成功了固然高興，失敗

了也可以隨遇而安，不去怨天尤人……總括一句，我對過去三十多年的粵劇生涯和舞台人生完全沒有遺憾，只有感恩。」

蓋鳴暉的答案很配合我對她的了解，她的話語很樸實，卻又充滿了人生的哲理和智慧。我想，從以上介紹她的文字，已經可以想像到她對粵劇的投入程度，她的人生也因為她的人生觀而大放異彩。

然後，我又問她一個問題，在明知道她「不應該」有遺憾的情況下，她究竟有沒有甚麼遺憾的事情？

蓋鳴暉答道：「我知道有些朋友很關心我，也很關心我的愛情，並認為我為至今未獲愛神垂青是人生的一大遺憾。其實在我的內心，對愛情也是沒有遺憾的，因為我擁有另一種愛情——粵劇便是我的愛情歸宿。我演過的九十多個角色都是我的情人。我無時無刻地享受着和粵劇的愛，而舞台是我的戀愛方式，是我的靈魂。我永遠不會離開粵劇舞台……」

我明白了，那是攜手粵劇，從天光乍破走到暮雪白頭的盟約。

她的未來計劃倒是很簡單的。首要是繼續把戲演好，同時會花更多時間探索粵劇的傳承課程，並對「新派粵劇」進行更多的實踐，而「鳴芝聲劇團」內部也會加強已經展開頗長時間並已收到一定成效的粵劇劇本創作。

未來，她的工作重點還有辦好「蓋鳴暉慈善基金」，希望通過基金會成立敬老院和粵劇學校。

我想起她原來的名字「麗芬」。正如當年父母給她取這個名字所表達對她的期望，如今她的確已經長成了「美麗而散發芬芳」的花朵。美麗來自她的外表和內在的人格魅力，還有她苦心培育的千姿百態粵劇藝術之花，同時散發着陣陣芬芳——並非孤芳自賞，而是遍及遐邇的芬芳。

蓋鳴暉為了紀念從藝歷程，

出版了這本紀念書冊。

正如有人說：

「這世上最美的不是照片本身，

而是它幫你留住的記憶。」

因此，這本書冊對於她來說，

其意義也許在於「回到最初，尋找未來」，

同時也是歷程中的記憶，

或算是一個階段的總結，

然後她會繼續懷着初心和勇氣去開創新征途，

譜寫人生的新篇章。

踏出虎度門　星光璀璨

服裝、頭冠、鞋

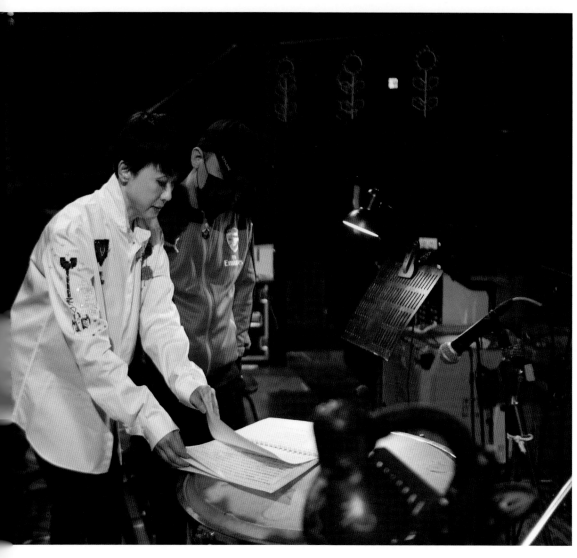

準備鑼鼓

設置佈景

後台準備

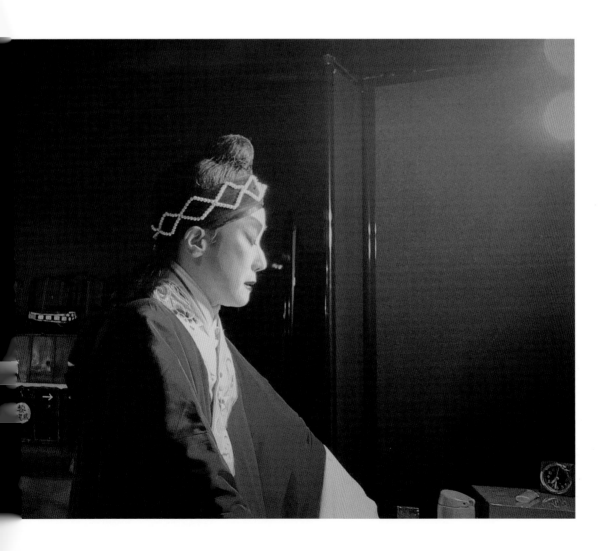

虎度門前

蓋鳴暉情繫藝壇三十年

戲夢傳奇

《蝶海情僧：南湖驚變》

《蝶海情僧：璇宮合浦》

《蝶海情僧：金殿辯郎》

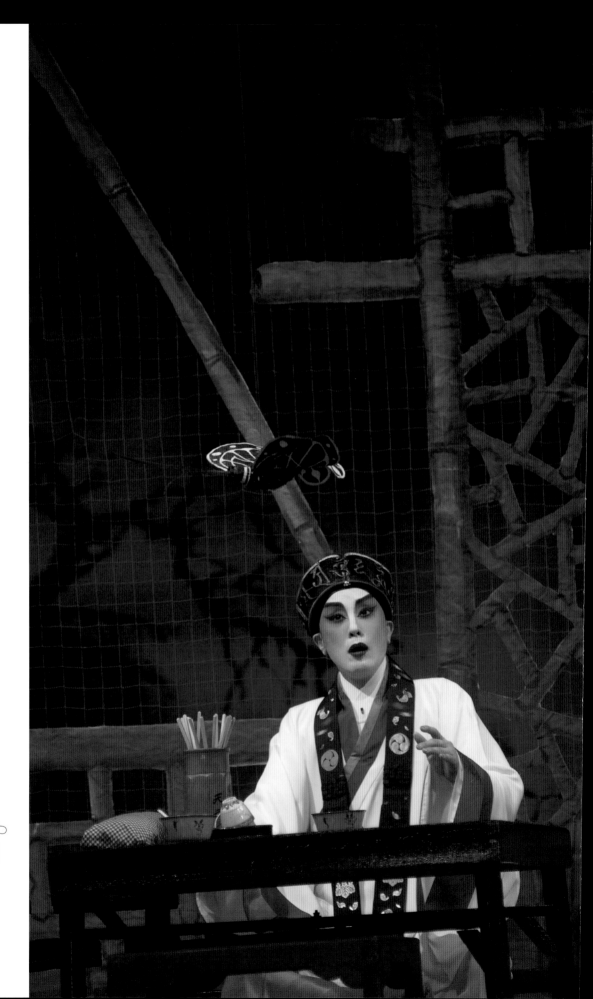

《蝶海情僧：酒館離魂》

《三夕恩情廿載仇》，飾演范文謙。

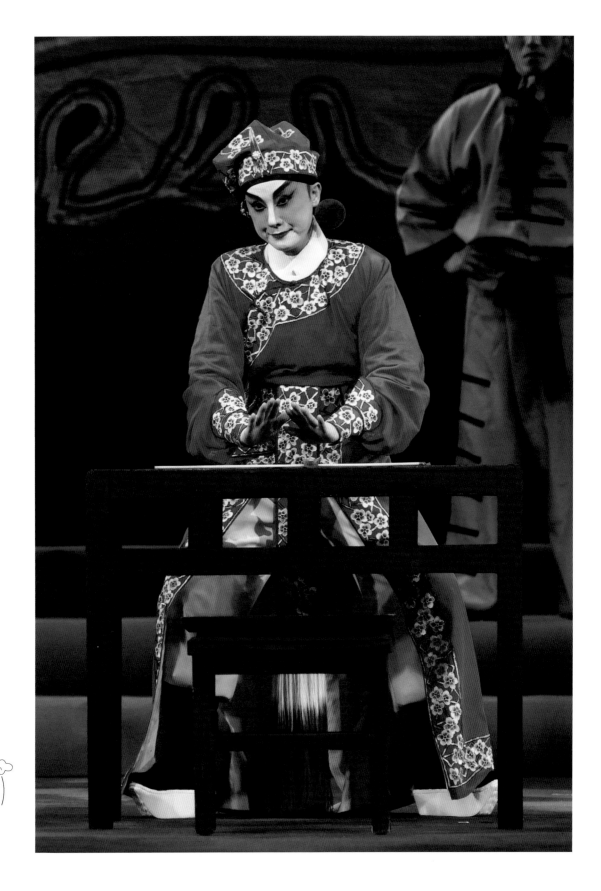

《大鬧梅知府：妙計得心》，飾演梅子將。

《六國大封相》

《龍鳳爭掛帥》

《再世紅梅記》，飾演裴禹。

《天仙配》，飾演董永。

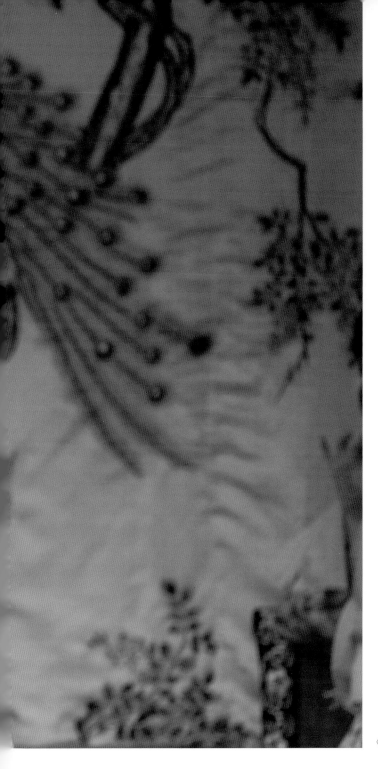

《牡丹亭驚夢：遊園驚夢》，飾演柳夢梅。

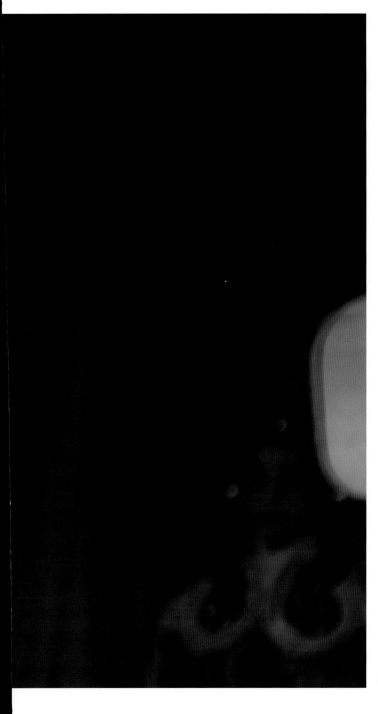

《唐明皇》，飾演唐明皇。

《喜得銀河抱月歸》，飾演范天鵬。

蓋鳴暉情繫藝壇三十年

124

《漢王天嬌》，飾演漢文帝。

《聊齋驚夢》，飾演寧采臣。

《花木蘭》，飾演花木蘭。

《英烈孔雀王》，飾演蘭陵王。

《紫釵記》，飾演李益。

《天賜良緣》，飾演鍾秀山。

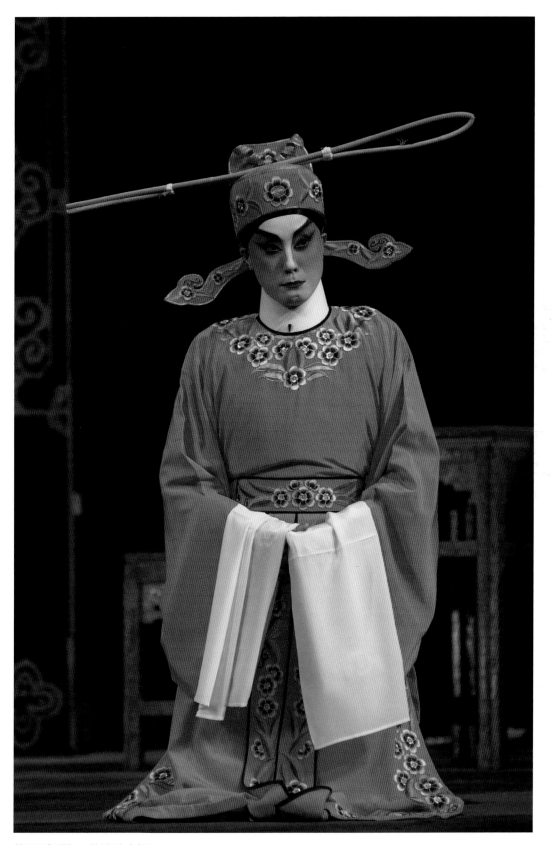

《福星高照》，飾演沈小福。

《無情寶劍有情天》，飾演韋重輝。

《滿清皇朝》，飾演雍正。

《無情寶劍有情天》，飾演韋重輝。

《漢家天下》，飾演漢武帝。

《無情寶劍有情天》，
飾演韋重輝。

《花木蘭》，飾演花木蘭。

《煙波江上西子情》，飾演范蠡。

《鳳閣恩仇未了情》，飾演尚夏氏。

《鳳閣恩仇未了情》，飾演紅鸞郡主。

《俏潘安》，飾演楚雲，為女子角色。

《龍鳳配》，飾演公子塵。

《櫻桃記》，劇中分飾兩角，左為父親趙珠璣，右為兒子趙細珠。

蓋鳴暉師友訪談錄

博學篤行
厚德載物

朱慶祥

朱慶祥師傅已經九十多歲高齡，卻神采奕奕，黑白相間的頭髮梳得一絲不苟，着裝整整齊齊，乾乾淨淨。

「朱師傅知道今天要採訪，昨晚九點多就已經睡了。我打電話給他還把他吵醒了。」蓋鳴暉剛換上明淨如新的花襯衫，未見其人先聞聲。她大踏步走進會議室，搬來一旁的椅子，坐到朱師傅身邊。

「我現在每天早上六點多起來練八段錦，吃東西也檢點了。知道自己該吃甚麼，不該吃甚麼？」朱師傅說話溫文爾雅。

「朱師傅以前吃肉的時候，不肥的那塊都不吃的。之前有人送朱師傅一隻大龍蝦，太太不讓他吃，他就拿到餐廳叫人蒸熟了，一個人吃完了。」蓋鳴暉邊說邊比劃着小臂長的一隻大龍蝦。

「現在就不一樣了，吃東西要根據年紀，量力而行，」朱師傅淡淡笑着，雙眸明亮。「但是我現在還是不忌口，不挑食，只是分量減了。」

「師傅，大閘蟹合不合胃口？」蓋鳴暉像用糖果哄小孩一樣引誘道：「我蒸大閘蟹給你吃？」

「別了別了，不敢了……」朱師傅連忙又搖頭又擺手。

一位音樂大師，一位粵劇名伶，就在閒話家常中慢慢回憶起過往的日子。

一九八七年，蓋鳴暉當時還叫「李麗芬」，在劉太的引薦下認識了朱師傅。

蓋鳴暉只聽聞過朱師傅的名聲，曾為多位大佬倌擔任頭架（粵劇的

音樂領導）的朱師傅，在粵劇、音樂方面造詣深厚到有如「粵劇中央圖書館」。他自己就能成為一支樂隊，擅奏的樂器包括小提琴、古箏、三弦、二弦、竹提琴、二胡、大笛（嗩吶）和色士風等，亦熟悉鑼鼓敲擊。小提琴更是他的「正室」，平時小提琴不離身，連上洗手間也要帶着。

「這麼有成就的前輩，對音樂層次追求又高，一定很嚴苛吧？」蓋鳴暉未見其人，內心就已經像初次騎上奔騰駿馬的人，心裏發毛，身上直冒汗，時時刻刻生怕從馬背上摔下來。

學唱戲，也學做人

一九九〇年初次拜師，當時朱師傅正在教花旦拉腔，蓋鳴暉作為旁聽生加入。在這位橫跨「仙鳳鳴」及「雛鳳鳴」時代的大師傅面前，蓋鳴暉戰戰兢兢，半天不敢說話，宛如「一隻鵪鶉」。

朱師傅看看眼前乖乖地坐着旁聽的小女孩，心想又一個造夢的娃娃選擇了一條充滿荊棘的道路！當時朱師傅充滿憐愛苦口婆心地對蓋鳴暉說：「學戲過程中，艱難是常態，唯有充實、武裝好自己，周身都有範（風範、風采），匡實基礎，才能在機會來臨之際牢牢抓住！」說罷，怕她不明白，朱師傅又再說：「你們學藝，要盡量充實自己，就像一個抽屜，平時要裝滿東西，不然關鍵時刻打開，才發現是空的，就會讓機會白白溜走！」

蓋鳴暉似懂非懂地點頭。未來的路如何曲折蜿蜒，或許不在她的考慮範圍。重要的是她深知，如果要盼望明天，就必須腳踏現實，如果渴望輝煌，就必須腳不停步。世上沒有僥倖的成功，也沒有正確的選擇，人只不過是勇往直前，讓自己當初的選擇變得正確。

授課期間，朱師傅更懂得做一位「良師」。蓋鳴暉每次犯錯，朱師傅都悉心栽培，毫無架子。博學篤行，是朱師傅勸喻年輕一代要做的事，也是他自己一直踐行的品德。他深知，溢美之詞不過是過眼雲煙，逆耳忠言卻要引以為戒。所謂讚美證明一個人已經到達了既定的高度，卻有如一潭死水，不會為人帶來增值的養分；唯有苦口良藥，方能讓人知得失，有則改之，無則加勉。

蓋鳴暉成名的路上，朱師傅時常曉之以理，動之以情，以身作則，教她唱戲，更教她做人。當蓋鳴暉小有成績之後，朱師傅看到她還有巨大的潛力，教她「滿則招損，謙則受益」，鼓勵她不要驕傲自滿，希望蓋鳴暉更上一層樓，活一天，學一天。當蓋鳴暉受到非議流言時，朱師傅教她「能受天磨真鐵漢，不遭人妒是庸才」，讓她知道，沒有羨慕哪來嫉妒，妒忌不要緊，但是要自己發奮，走「善」的路，不要妒忌他人就去打壓他人。這兩句話，在蓋鳴暉從藝三十載，一直伴隨左右，如影隨形，每每遇到困惑之處，都會回想起師傅這兩句話，很多事情就自然豁然開朗。

時間不覺在這兩久別重逢的師徒相談甚歡的間隙中溜走……「謝謝！」蓋鳴暉向端上茶水的工作人員道謝。看到幾滴茶水灑落桌面，拿來餐巾紙一點一點擦拭，又將餐巾紙對折兩下墊在杯底。做完還不夠，還要將鄰座的茶杯都一一折好餐巾紙。「我很喜歡整潔的，不好意思……」她眨眨眼，笑着說。

戲德的重要

「做戲要切記有『戲德』！」朱師傅彷彿生怕忘記，突然冒出一句囑咐蓋鳴暉，「每個人成名，一靠宣傳，二靠實力。因此不熟的曲目，沒把握就不要做，站在台上就不能有缺失！要注重口碑，別壞了自己名聲，這就是『戲德』！」

對此，蓋鳴暉深有體會：「對！我記得一九九八年十二月做《梁祝》的時候，演期很長，其中一次有一場特別難投入的戲，我覺得很對不起觀眾。畢竟不是所有觀眾都是我的粉絲，有的人可能就只來看一場，如果我演得『一般』，在那位觀眾眼中，蓋鳴暉就一輩子就是『一般』了！」

「還有，演戲演七成，不要做足十成，要懂得藏拙……」朱師傅緩緩放下茶杯，補充道。

「為甚麼呢？」

「一個人要知道自己哪方面不足，不要開頭就把渾身解數使出來，生怕別人不知道自己的厲害，結果把不足之處暴露得一乾二淨。使出十成功夫之後，到後面沒力氣了，觀眾就會笑話這個人『沒有戲了』。」說着，朱師傅還惟妙惟肖地模仿觀眾在台下嬉笑的樣子，引得大家會心一笑的同時，內心也警覺地反思起來。

隨時隨地都在改進

「朱師傅最近看了我的演出，覺得我還有甚麼地方需要改進？」蓋鳴暉真誠地問。

「我來聽了，你的唱腔，有些地方確實可以改進……」朱師傅一點也不客氣，開始親身示範：「你唱『落花滿天蔽月光』……」

於是，開始朱師傅唱一句，蓋鳴暉跟着唱一句。「你這個『花』唱得不夠柔美，是『起角』的，你這樣加個滑音……」朱師傅現場示範，雙手根據節拍、韻律舞動，抑揚頓挫，盡顯長平公主的柔美嬌態，唱到高音處上不去，就用假音輕聲吟唱，務求完整。耄耋之年的老人扮起花旦如羞如嗔的神態，目光如炬，歌喉婉轉，動人心弦，讓在場的人看得如癡如醉。

「朱師傅資歷深厚，糅合歷任佬倌的優點，取其精髓，將經驗分享予後輩，令曲子更富魅力。」蓋鳴暉不禁讚歎。

「這些經驗我又帶不走，能留下來，也有益於後人，」朱師傅淡然笑笑，「我只希望大家能多吸收一點，包括一些成名的佬倌也能從諫如流，精益求精。」

「此話怎講？」蓋鳴暉問。

「例如每天晚上登台結束後，要在睡前回憶自己今天的演出的不足之處，以求進取。遇到不懂的地方要虛心請教，取人之長，補己之短，」朱師傅娓娓道來：「畢竟很多細節，演員沒有注意到位，雖然也不是錯，但是就缺乏美感了。」

朱師傅說着說着，又教起來。他執起了蓋鳴暉的手，演示着動作、神態，每一個細節精雕細琢，連一個滑音、顫音、氣息、語氣，都要千錘百煉，臻於至善。師者，所以傳道授業解惑也。為人師表，當如朱慶祥。

「朱師傅，您覺得我還有甚麼缺點需要改進嗎？」唱到盡興，蓋鳴暉突然發問。

「你的缺點……」朱師傅作思考狀，最後還是擺擺手，「少到我不記得了！」

一下子引得眾人哄堂大笑。

「朱師傅，我希望和您開一場演唱會？」

「沒問題！」朱師傅笑盈盈地說：「我保證你唱得好！」

「果然有師傅沒痛苦！」蓋鳴暉握住朱師傅的手，雀躍得像個孩子般。

看着這互動的師徒兩人，不正像「執子之手，與子偕老」的畫面？蓋鳴暉未婚未嫁，將全部精力奉獻給舞台，嫁給了舞台。朱師傅將畢生所學盡數相授，親手將蓋鳴暉引領到粵劇的舞台。就在這雙手與舞台交匯的一剎那，蓋鳴暉的人生被聚光燈照亮，然而僅僅是這一剎那，足夠她為之承諾一生，奉獻一生，在舞台上攜手到老！

後記

蓋鳴暉天賦好嗓子，有天分學粵劇，近年也難見有像她當年具天分之學生，人家一小時，她三數分鐘便掌握到及交出水準唱腔，兼且平子喉也具水準。她曾在《胡不歸》唱子喉，二〇〇二年朱師傅曾為蓋鳴暉與她的師父林家聲設計音樂，師徒二人以子喉合作灌錄《朱弁回朝》……可見蓋鳴暉處理外來壓力之能力極強。

蓋鳴暉在當學生及初出道時，葉紹德老師也常在朱師傅面前稱讚她。他倆都覺得蓋鳴暉對粵劇有追求，態度很認真，「瞓身」，記曲能力強，唱功了得，領悟力高，咬字吐字清晰易聽，表演角色之感情到位豐富，兼且「戲德」好，確實是可造之材。

挽粵劇於狂瀾
開新戲傳百世

李居明

　　「蓋鳴暉有九十一個名字，她在九十一套戲裏當過主角，每個角色名字都不一樣。其中有十六套是全新的劇本，我為她寫的有十一套。可謂迄今為止，粵劇文武生裏最厲害的紀錄！」李居明大師坐在高台上，將蓋鳴暉的戲寶一一細數，像相士為人盡訴命數的奧秘。

　　「阿芬（蓋鳴暉的真實姓名李麗芬）是一個「一人千面」的粵劇佬倌，不同角色，她都很用心去演，並且活靈活現地演出不同的樣子。所以，我和她合作了這麼久，非常開心和感恩。和阿芬合作，最開心是她依足我寫的去演，唱我的歌，更加是一字不錯。不管演出多少晚，在沒有字幕提示的情況下，百分百沒有出錯的！對編劇來說，這是很大滿足感的⋯⋯」李大師對蓋鳴暉的誇獎毫不吝嗇。

　　蓋鳴暉連忙說：「唱大師的戲要多做功課，很大壓力，我的表現只是九成吧！希望還有一些進步的空間！」

　　李大師對是次訪問準備充足，手中一本厚厚的期刊，載滿蓋鳴暉和李大師之間合作無間的十年光輝。他好像大學講師般，聲音洪亮，侃侃而談，充滿吸引人聽下去的魅力。李大師將蓋鳴暉的特點逐一羅列：「蓋鳴暉有三大特色：其一，她是偶像派和實力派兼備，互相成就；其二，她演舊戲和新戲，都同時具備魅力和成就，兩者相互輝映，既有傳統的博大精深，又有時代的創新風格；其三，她的新戲是能重演的，永遠流傳的。」

蓋鳴暉點點頭道：「這要多謝大師！這對我們劇團也是很大的挑戰。一個賀歲檔期共演出二十多場戲，真不是那麼容易過關的！我們必須對自己的劇團以及觀眾一個交代，每次演出都全力以赴，稍一鬆懈缺失，劇團停了演出，從業員便手停口停，我的責任很大！」

　　李大師道：「你在粵劇興盛的時候去做，和在艱難經營環境中的時候去做，真是兩碼子的事。只有我這樣的『傻人』不理時勢，出錢出力搞粵劇，還廢寢忘餐地自己寫劇本，這是難上加難。所以現在大家還能安坐新光戲院中，舒暢地看到蓋鳴暉和李居明的新戲，都是我在付出一己之力支撐着。另一方面，劇本寫出來也要有人演，要有好的班底。更重要，寫出來的戲要好看，不然只能做兩三場，之後就沒人看！一個新戲的成本很高，必須重演才可回本，粵劇才可生存。我們的演出，每次連演多場，之後還會重演，證明阿芬是有市場價值，她演我寫的戲是可以延續演下去的……」

　　李大師為了爭取年輕觀眾，付出很大的努力，甚至把經典劇目改編，更試過注入《聊齋驚夢》中寧采臣與妖公子的「同性戀」元素！蓋鳴暉說：「李大師太前衛了，不過我作為演員，只要情節不過火，或略過一下，我接受得了這些改變……況且人間包含好多情，不可不面對，做戲只是一種表演方式。我不會故步自封！做演員要豁出去，最重要是不猥瑣，而題旨是健康正面的！」

嫁妝戲《蝶海情僧》

　　李大師執筆的第一齣粵劇《蝶海情僧》，就是他南柯一夢後的哲理開悟之作，也是他為蓋鳴暉量身訂做的首本戲。一夜無眠的沉思，李大師的腦海中竟自發地形成了一位高僧與王子交替的影像。這位王子被愛恨家仇糾纏，落髮為僧，遭遇曲折，到最後了悟「萬法唯心造」的真理。

　　《蝶海情僧》甫演出，市場反響非常熱烈，之後更開創了「一個劇本、三個劇種」的先河：一是粵劇版的蓋鳴暉；二是京劇版的李宏圖；三是越劇版的趙志剛，擔綱的都是名角！　說起《蝶海情僧》的「威水史」，李大師也難掩雀躍之情：「香港粵劇從來沒有一個劇本可以改編成三個劇種，二〇一一年香港、北京、上海三地聯演，在中國戲曲界也是史無前例的。」

　　蓋鳴暉回應道：「大師寫給我的戲是我的『嫁妝戲』，是全新的。出道這麼久也只是做別人的戲寶，但《蝶海情僧》是全新劇目，需要自己想怎樣去演繹，而且很多年之後還會有人照我的樣子去演這個戲，而不是我去學演別人的戲。《蝶海情僧》的劇本難度很高，很有挑戰性，而我是好勝心很強的人，願意嘗試多走一步，鍛煉自己，挑戰自己！大師投資了大量心血打造《蝶海情僧》這齣戲，出錢出力給我一個難得的學習和演出機會，彌足珍貴！我們二人可說是『識英雄重英雄』！」

　　說起兩人的相識，沒想到李大師很早已留意到蓋鳴暉。李大師道：「我記得一九九〇年左右，我在竹家莊吃避風塘炒蟹，第一次邂逅蓋鳴暉，『鳴芝聲』的班主劉先生也在座。我聽說過蓋鳴暉是唱功不錯的文武生，對她的印象很好。她後來灌錄了《牡丹亭驚夢》，坊間也只有蓋鳴暉這個版本，所以要聽《牡丹亭驚夢》，就一直聽她唱的腔調……」

創意與傳統的對碰

　　蓋鳴暉和李大師合作過程也不是一帆風順的，兩人也為劇本的處理有過爭論。李大師回憶起來，似乎還是當時的心境：「我不是粵劇科班出身，率直說是不太懂曲詞的『平仄』和粵劇舞台的場口調動。蓋鳴暉是一個很直爽的人，拿着我的劇本哼了一回，覺得不順便直言要求更改……創作不是說改便可改的，很多曲詞和場口都是靈感之作！我要求她遷就，她又要求我修改，一來一往，大家都有各自的立場。說到底，也是為『戲』好而已！『鳴芝聲』是很專業和優秀的劇團，經驗和技藝都很高，我的劇本有些『平仄』和場口雖然有些偏差了，但也不是甚麼難題，大家齊心推敲幾輪，『爭論』很快得以解決！到演出第三、四套戲的時候，少了犯錯、多了默契，合作也更順暢了！」

　　蓋鳴暉爽朗地回應：「和大師合作，有甚麼事情我都是當面直說的，不會迴避。我能做甚麼會說出來，不能做，或做不到的，也會說清楚！例如：不能上、下兩場都是同一個演員連接亮相，因為中間的過場，演員需時去換衣服……還有，粵劇對白中有平仄、韻腳的講究，這些都是不能苟且的。」

　　李大師笑着說：「的確，我受現代的歌曲編撰影響，對平仄不太執着。有些時候，是我故意不跟『平仄』，因為我覺得順口好聽便可以，沒必要墨守成規……我有我頑童的本色，覺得有些傳統是多餘的。但是他們就說這是粵劇的行規，一定要跟……那我就只好跟了。因為我覺得我對粵劇的強項是『感覺』，倘若跟不了『平仄』，那你們就幫我補足修正算了，說實在的，你們的行規我不太懂的！」李大師自恃才華過人，一身傲骨嶙嶙，但也承認在自己有不足的方面，很多時都虛心受教。

　　接下來的合作中，蓋鳴暉豐富的舞台演出經驗，與李大師別出心裁

的新穎劇本相互結合，越來越有默契，成績有目共睹。

李大師毫不諱言地說：「我很疼愛蓋鳴暉，很喜歡為她寫劇本，我的劇本主角也大都是她……當然，我也寫一些劇本的主角是不合蓋鳴暉演的，例如《粵劇特朗普》……你想像一下，如果蓋鳴暉帶上假髮的樣子，像不像特朗普呢？不過，也真夠滑稽、很……很好笑！哈哈！」李大師說得高興，也率性地哈哈大笑起來。

「我不是一個那麼容易被人理解的人，有時候甚至有意不讓人了解那麼多，我相信阿芬是理解我的！」李大師微微笑着，眼神中流露出對蓋鳴暉的期許。

享受舞台，讓觀眾滿意

對蓋鳴暉的期望，李大師指，是希望她「做到一百歲」！蓋鳴暉聽了，哈哈大笑：「只要我一息尚存，我也從來沒想過退休。能演戲是上天給我的恩賜，給了我『天時地利人和』這麼好的條件，我一定會做到盡，除非真的演不動！有些成名藝人說，最高峰時就要消失於江湖，以留下好印象！但我從不自滿，沒有高峰，只有更高峰！」

「我現在是享受舞台，不是為了賺錢打卡。我堅持尊重劇本，堅守演員的崗位，走到台上，就要對得起支持我的觀眾和投放資源讓我們演出的老闆，收不收錢都要用心去做，我絕對反對愚弄觀眾的做法。你不好的，都會被觀眾記住，演員賣的是努力、認真和功夫！我希望觀眾進來是抱着期望的心態，離開的時候如覺得滿意、物超所值，下次便會再來……」蓋鳴暉如是說。

一直以來，蓋鳴暉的觀眾把她的戲看完又看，因為覺得滿意、物超所值，所以下次便會繼續再來……

後記

蓋鳴暉早期的二十年公演都是傳統著名劇目。由於名劇皆有其演出模式及不同前輩的昔日演出特色，在演繹上也有個楷模及受制於觀眾的期望，所以蓋鳴暉在演繹上絕對不會偏離大框架下去找自己的演出特色。

近十年，因與李居明大師合作，蓋鳴暉演出的均是全新創作，即使是同一個歷史人物，在李大師筆下也極具創意及突破。因此蓋鳴暉可以全新創作角色，演出方法也可以脫軌一些，而按劇情創出不少新的演出表達方式及唱法。例如：

《蝶海情僧》之《香凝》一曲在末段唱腔上略為延伸，加重情緒之灌注力度，再叫多一句「香凝」作結。新加入一段梵文佛歌更可以加強角色之感染力和演員的投入感。

《相如追夢》中兩首獨唱歌在唱腔上各自有不同要求，演繹方面也是另一個挑戰，是窩心的創作。

《聊齋驚夢》之腳底按摩，《大鬧梅知府》之腳板算命，更是破格之演出方式，極其新穎。

《俏孔明》中蓋鳴暉演繹的孔明是個古代廚神，加上十二生肖的算命唱段，又是另一個考驗。

跟一般傳統粵劇的對唱段不同，李居明大師撰曲時經常把著名小曲唱調中的平子喉對調唱法，蓋鳴暉初期也要下不少功夫來適應，習慣下來又多了一層領悟和發現。

達觀知命
笑對人生

杜國威

「兩個男人，為甚麼不能相愛？」杜國威唸起他創作的舞台劇《梁祝》的經典對白。

「我恨你，為甚麼你是女人，你把我騙得徹底一點不好嗎？」蓋鳴暉聲情並茂地接道。

這是梁山伯得知祝英台為女兒身之時，悵然夢碎，信念盡失，既痛又恨，卻無可奈何的扼腕歎息。皆因與眾不同，又反叛執着的梁山伯，愛的是「男性」的祝英台。在二十世紀末，杜 Sir（熟悉的朋友對杜國威的尊稱）筆下誕生的《梁祝》，不可謂不大膽前衛，人物之間的愛恨情仇不可謂不刻骨銘心，細膩動人！

「哈哈、哈哈！大姐（前廣播處長張敏儀的暱稱）都說這是我迄今最好的作品！」訪問伊始，杜 Sir 極具穿透力和感染力的笑聲，抑制不住爆發，響徹整個會議室，讓眾人的臉上都沾染了笑意。只見他眼角彎彎，微微下垂，圓潤透亮的臉龐，看上去特別和藹慈祥。或許他的內心世界，也如他的作品一樣，是深山幽谷中一汪甘冽清泉，情感充沛，卻新穎非凡，不落俗套。

「杜 Sir，來說說你和我相識的經過？」蓋鳴暉提起椅子，挪到杜國威身旁。

「我當年還在拍攝蕭芳芳主演的《虎度門》，為了解戲班的生活跑到新光戲院的後台……」杜 Sir 捋了捋頸上的圍巾，雙手插進衣袋，微微頷首道：「我想看看戲班的人如何吃飯、換衣服……原來為了演出化妝，

佬倌們十五分鐘就要吃完飯！我還看到一些戲班的趣事……就這樣，我第一次見到蓋鳴暉！」

「要說我之前不認識蓋鳴暉那肯定是騙人的，這太虛偽了。我從小就跟着姐姐在麗的做童工，都不知道聽了多少粵曲，還會唱！所以自小便喜歡粵曲……我這樣喜歡粵劇，當然有留意蓋鳴暉，她的文武生扮相高大帥氣，既有任劍輝的影子，又有自己的特色，我連她去廈村演神功戲都有去捧場！後來她有次在香港文化中心還扮演過『彩旦』……我知道她在嘗試不同的角色變化，也是她成長過程中的嘗試和努力！」

「哈哈！我還聽說有很多師奶想嫁給她……這是一種精神寄託。譬如現在很多內地遊客去澳門賭博，看到財神就大喊『財神我愛你』！着了迷的人很誇張，她們嫁給老公幾十年都沒有說過『我愛你』，竟然在賭場上這麼大聲說『財神我愛你』！其實這是一種減壓的方式！」杜 Sir 邊說邊繪聲繪色，尖聲地模仿她們的模樣，眾人看了笑得前翻後仰。

「對，我的粉絲看我演出也是一種減壓的方式……」蓋鳴暉認同。

度身訂做的祝英台

杜 Sir 接着說：「一九九八年，我的《梁祝》是為蓋鳴暉度身定做的，她完全就是我心目中帥氣英俊的男裝祝英台！要是有機會，我很希望《梁祝》能再上演……」

「我現在再演肯定和之前的做法不一樣了！」蓋鳴暉點點頭，若有所思。

「我完全相信，現在的蓋鳴暉演繹的方式會和當初不一樣。她的積累和沉澱，對舞台的感受和思考，她的成熟是有目共睹的。再次演出的話，劇本的對白也不需要改動。」杜 Sir 好像已經看到蓋鳴暉在舞台上演繹他的祝英台！

「是的，舞台劇完全可以駕馭這點。相反，電視劇和電影的話，鏡頭前連眉毛都看得很清楚，年紀大的演員扮演年幼角色，相對說服力就少一點……」蓋鳴暉點點頭。

「我覺得蓋鳴暉是天生能吸引戲迷的，要知道，一個人的成就不是由同行斷定，是由粉絲斷定的。你沒有粉絲，怎麼能演出三十年，誰來買票？電視觀眾容易造成欺騙，比如有些藝人自稱有很多電視觀眾粉絲，但是看電視是不花錢的，只要藝人多上電視，自然多人認識。但是要有觀眾掏錢捧場，那才是真正成功的藝人。」

「任劍輝逝世多年，她的音容笑貌仍然有那麼多人追捧，就是她的造詣能凝聚住戲迷。藝人有時候也要講運氣，就算你會翻三百六十度的筋斗，別人說不看就不看，導致很多有絕技的英雄也含恨而終！這件事上，蓋鳴暉，你是有運氣的，但這些運氣也是你通過努力得來的，有機會就牢牢抓在手中。有人看，有人愛，就不要辜負他們。當有一天真的演不動了，你就收山好了，哈哈！」杜 Sir 說得很興奮。

努力走出自己的路

蓋鳴暉感慨地回應：「對！越做得久就越難，高處不勝寒是很難受的。南海十三郎有句話叫『學我者生，似我者死』。當初我跟聲哥（林家聲）學藝的時候，他也叫我要創新，不要一直模仿他，不然一輩子都是他的影子！有次演《西廂記》，聲哥看完告訴我，他發現我做他的戲，有些走出了他原來的路子……我當時很害怕，就問：

『聲哥，這樣是不是不好？』

聲哥說：『不是不好，你是不是很想找到自己的路子和方向？』

我說：『是的。』聲哥道：『好！你已經開始有這樣的苗頭，但是希望你能跟隨正確的方向，跟着我的指引，找回自己舒服的方式，不要一輩子像我，做我的影子，是不成功的！』

聲哥一邊鼓勵我去走自己的路，一邊叮囑要我小心，不要走錯了。所以我一直找一些老師來指教，不要讓自己走了歪路。」說着說着，蓋鳴暉將面前還冒着裊裊白煙的熱咖啡一飲而盡，用紙巾輕輕擦拭杯底。

「所以蓋鳴暉自有她自身的魅力，因為她自己的東西遠多於學別人的。也沒有一個人規定她必須怎樣做……」杜 Sir 精闢地總結。

寫粵劇劇本嘔心瀝血

「哎，我越來越討人厭了，年輕人對我又愛又恨。因為我的劇本鋪排得很仔細，而年輕人雄心勃勃，總想要修改我的劇本，可是改了怕你生氣，改得不好就更不用說了……」杜 Sir 搖搖頭，似乎有些疲憊。

「杜 Sir 最近還有寫粵劇嗎？」蓋鳴暉問道。

「不寫了，不寫了，我很老了，七十三歲了！」杜 Sir 一臉笑意，說道：「我寫粵劇劇本要把自己的心嘔出來，嘔心瀝血，很累。我現在寫劇本可以拿很多錢，但是寫粵劇的人，又能拿多少錢？那不如睡覺吧，我很需要睡覺啊！所以這六年間我都沒有接過戲。我現在最需要的就是『三得』：食得，睡得，屙得！」

心態年輕的杜 Sir 狀態極佳，但是自稱「少睡一會都要死了。」

「你看我現在皮光肉滑，之前還有人特意過來捏一下我的臉，看我是不是做了美容？我當然沒有！我一個大男人都七十三歲了，做這些幹嘛？我不需要這麼好看。我長得矮，如果你說要整容，那怎麼下手啊？每一處都要整。哈哈，哈哈！」杜 Sir 又笑了，摸摸自己泛着水光的臉頰，像個老頑童。

重習國畫，樂此不疲

「不過我也在反思，難道我的藝術生命就此終結了嗎？我反過來想，無所謂啦，都七十多歲了，兩塊錢車費就能走遍整個香港，吃的東西也越來越少了……」所謂「達人大觀，知命不憂」，自稱三十八歲便務本樂天知命的杜 Sir，對於人生自有一種「浮雲出處元無定，得似浮雲也自由」的淡然和豁達。

蓋鳴暉邊聽邊想起很多前輩藝人的際遇，欷歔之情不禁，腦中也浮現「欲上高樓去避愁，愁還隨我上高樓。經行幾處江山改，多少親朋盡白頭」！一時間氣氛也悶起來……杜 Sir 果然是高人，接續開懷的笑聲把蓋鳴暉的「愁」都吹散了！

　　杜 Sir 朗聲說：「所以我就想，我還有甚麼遺憾？我想啊想，突然想起我十五歲開始學過八年國畫！之後教書、編劇，卻一直沒有再碰過畫筆……我找回五十多年前我的畫筆，居然還能用。我就這樣手顫抖着，竟畫不出來。」杜 Sir 手伸出演示着當時的情景，有些調皮可愛，蓋鳴暉看見他的憨態，也跟着開懷地笑了。

　　杜 Sir 真是個不會輕易放棄的老頑童！他開始「閉關」修煉，謝絕外出。每晚夜闌人靜之時，杜 Sir 挑燈作畫，樂此不疲。杜 Sir 早在中學生時代便跟隨已故的莫德光老師，和嶺南派畫家呂化松老師學習書法及水墨畫。緣分匪淺，只是五十年後才開花結果！和暖的春風吹來了新年，短短一年半間，杜 Sir 的功力又回來了，之後還舉辦個人畫展。

　　「大家一開始覺得很奇怪，以為我生病了不見人。後來都很驚奇，紛紛問我為甚麼會畫畫。哈哈！」

　　杜 Sir 一生與筆結下不解緣，前半生用筆寫出無數個撼動人心的劇本；古稀之年，他執起放下了五十多年的畫筆，畫出一幅又一幅的畫作，更加舉辦畫展。他畫展的主題是「筆畫傳情」，與膾炙人口的劇作一樣，皆繞不開一個「情」字。這時杜 Sir 拿出以當年蓋鳴暉與謝君豪演出的《梁祝》為題的畫作照片給大家看，畫中人物栩栩如生！真蹟已被飾演梁山伯的謝君豪搶走了！蓋鳴暉望「相」興嘆：「杜 Sir 畫得好靚……真係勾起我無限美好回憶！不過你也太偏心了，為甚麼這麼狠心不為我這個祝英台補畫一幅？」杜 Sir 笑着沒有回應，不便揭穿他的秘密：骨子裏，他愛梁山伯多於祝英台！

《星海留痕》的小明星形象

「我一生追求的便是愛的感覺，不是狹窄，只談兩個人之間的感覺。人生沒有『愛過』和『被愛』，是有缺憾的，『愛』和『被愛』都要嘗試一下。」正因如此，杜 Sir 筆下、三十年代著名演員小明星便盡顯愛的魅力。弱質纖纖只是小明星的外在，實際上她的內心奔放熱烈，對於愛的追求執着不屈。在杜 Sir 的劇本《星海留痕》中飾演小明星的蓋鳴暉，對於角色有着獨特的領悟和觀感。

「這樣熱烈大膽的傳奇女性，我就想到蓋鳴暉。小明星其實很瘋狂，會在街上哈哈大笑，長衫裏面竟忘記穿內褲，」杜 Sir 掩着嘴笑嘻嘻道：「小明星的唱腔不是那麼容易模仿，當今香港能唱的人寥寥無幾。但是蓋鳴暉專業水平太強了，和黎耀祥錄歌時，一般人可能要幾天，他們一個小時竟然就已經錄得很好。」

蓋鳴暉謙虛地笑着說：「難度真的很高，小明星是當年的四大名家之一，她的音域太寬廣。杜 Sir 寫的戲和對白真的很好，平實之中又有驚喜，看着聽着，一下讓人熱淚盈眶，很容易把觀眾帶入故事中。我也只是戰戰兢兢地演，希望讓觀眾感受得到小明星的精神……」

杜 Sir 讚賞說：「蓋鳴暉對於小明星的詮釋很到位，小明星從寂寂無名到熠熠生輝，從奔放覓愛到病榻牀前，蓋鳴暉對於每個階段的表現都很細膩，既剛烈又溫柔，很有自己的風格……」

「這是因為杜 Sir 的劇本寫得好！能遇到一個好劇本，這也是演員最開心的事情！」蓋鳴暉說：「我最有感觸的是演出杜 Sir 這齣戲中的這句台詞，小明星老師王心帆說小明星每次都以為愛上一個人，其實她追尋

的是『愛』的感覺，她只是愛上『愛情』而不是『人』！這段台詞令我想起我的『愛情』！我愛上『粵劇藝術』，仲係一見鍾情！哈哈！」

對於未來，其實杜 Sir 還有不少期盼：「我內心還有一團火，老是說自己老了，其實是開玩笑。那團火很重要，是推動你想着不做，卻接着又做。」

以夢為馬，未來可期。誰道人生無再少，門前流水尚能西？有愛的人，靈魂的火焰不滅，終將攜一朵流雲，織一段錦夢，帶着溫馨、清新的人性美、人情美，芬芳度過這人間四月天。難怪蓋鳴暉愛戀舞台，每時每刻都可沉醉在她的粵劇美夢中！

後記

相對今日二十一世紀，反串文武生中，蓋鳴暉仍是最俊俏突出的，她的身形高挑，唱腔不會過分模仿前人，已消化並融入自己獨特的風格，極具國際級水準的唱功，音準掌握到家，音域也寬，咬字吐字清晰，可聽度高！

杜 Sir 對蓋鳴暉的評語是：運氣充足，有舞台魅力，天賦高……敢說蓋鳴暉有當年裴艷玲吸引觀眾的風采，站在舞台上極之壓台，有氣勢，一看便知這個是主角（主要人物）！

遇上蓋鳴暉

冼杞然

自小喜愛戲劇，人生中一半光陰與演藝工作有關，經歷過當中起伏不定的四十多年。可以說二〇二〇、二〇二一年是最沉重的時期也不為過，更感受到各方面都在求「變」。

享有「非物質文化遺產」光環的粵劇可以、需要，或願意「變」嗎？毋庸爭論的現實是：粵劇觀眾老化、市場萎縮，有號召力的戲班寥寥可數……碩果僅存的業界人士，有沒有想過「變」呢？

回想自己曾有一段頗長的日子在北京工作，凡有香港朋友到訪，都會珍而重之地找時間見見面，感受一些「香港味」。二〇一一年迎來了破天荒的「香港、北京、上海」三地聯演《蝶海情僧》，劇本出自老朋友李居明（我們曾是大學同學及同期的電影業初哥），這是我第一次欣賞到不同凡響的蓋鳴暉！

看畢演出，我頓時開竅，明白敢於嘗試是藝術發展的出路！一直以來，即使遠至英美紐澳及東南亞，粵劇都只有廣東人看，誰估計得到可以在北京、上海，甚至日本公演粵劇？

緣起《鄭和傳》

粵劇多由文武生主導，偶爾花旦與之分庭抗禮，演甚麼戲碼，班主都要尊重文武生的決定。從統計數字看，越負盛名的文武生，演來演去卻都是「老本戲」。這情況有利有弊，固然此舉可以保留很多「經

典」作品，但能傳世的新作卻少之又少！我不自量力，欲效法已登殿堂的老朋友李居明大師，以創作粵劇的熱忱，躍躍欲試寫一齣粵劇新戲。本人在演藝界算是個「老人」，但面對博大高深的粵劇仍是一個門外漢！誰願意演出一個初哥的劇本？對，找一個有分量的文武生就對了！

「鳴芝聲劇團」是當今少有號召力的戲班，領班的文武生蓋鳴暉更是罕有敢於嘗試的大佬倌，每年最少演一齣「新戲」。情緣加上誠意，碰上「鳴芝聲」成立三十週年正找新劇本，洗杞然終於遇上蓋鳴暉！

跟蓋鳴暉初相識，她對我竟放下大佬倌的身段，甫見面即相談甚歡，大家就各種藝術類型事物暢所欲言，爽朗交談，也不知過了多少小時。「快」是我對蓋鳴暉的第一印象。步履如飛，快人快語，言談節奏明快！

接着是：

「爽」，說一便一，毫不拖泥帶水，愜意相逢，「有偈傾」，廣東話一個字：爽！

「朗」，笑談間聲朗氣清，聲情並茂，全身煥發明亮如陽光的正能量！

「開」，開明、開懷聆聽意見，開心見誠，句句坦率直接！雖然聽，不等於妥協，哈哈！

好一個「開朗爽快」的蓋鳴暉，第一次見面，粵劇《鄭和傳之情義

篇》便敲定了！

為甚麼是「鄭和」？

二〇〇二年航海專家加文・孟席斯（Gavin Menzies）的著作 *1421: The Year China Discovered the World*（《1421：中國發現世界》）出版後引起很大爭論，孟席斯從諸多引證中說明發現新大陸（美洲）的並非哥倫布，而是鄭和，所以他說「中國發現世界」。換言之，貫通中西文化的關鍵人物是鄭和。

二〇〇五年全球慶祝「鄭和下西洋」六百週年紀念，香港話劇團演出了本人編劇的《鄭和與成祖》，這是演藝文化和社會題材的一次美好結合。交流、融和，甚至碰出火花，都是文明的動力！

從幕後看蓋鳴暉

我想能打動蓋鳴暉跟我合作的原因之一，是跨界，這次是電影、舞台、學術資深人士難得的一次「合作」！粵劇《鄭和傳之情義篇》由陳永華教授原創音樂作曲、鄭國江老師填詞、「鳴芝聲」台柱之一的黎耀威先生撰曲，陣容鼎盛。不同藝術領域的融合互動，為「鄭和」的故事設下一個完美的支架，成功演出更將是一次「開朗爽快」的跨界「交流、融和」的美好經歷！《蝶海情僧》的十年後，期待《鄭和傳》能再闖高峰！

當蓋鳴暉遇上鄭和，她的第一個反應是「猶疑」：

蓋鳴暉個性坦率直接，她不太喜歡演「太監」，印象中「太監」不男不女，但粵劇中必須男才女貌，情意綿綿。「太監」談情說愛會顯得不倫不類，很尷尬。

我解說，鄭和十一歲蒙難被閹割，性情剛毅不屈，年漸長助燕王朱棣靖難登基，戰績彪炳，及後更統領龐大艦隊七下西洋，雄風罡勁，性格鮮明！正史雖無實證，多方引證，鄭和的人生應有很戲劇性的變

化，也因為「太監」的特殊身分更顯得情深義重，刻骨銘心……蓋鳴暉反串文武生蜚聲藝壇，剛柔並重，鄭和的角色是不二的絕配！

蓋鳴暉便「開朗爽快」答應了！這一如她的個性，全情投入，全力以赴，每事細緻精心推敲求好，這是我認識的蓋鳴暉。

她的第二個反應是「尊重」：

蓋鳴暉很開明、開懷聆聽意見，樂意創新，但她強調樂意「聽」，但不同意為了「創新」而破壞粵劇的傳統。很多人認為「破舊」才可「立新」，可惜大多「只破壞沒有建設」，今天很多標榜「新派粵劇」只落得三不像的收場。顯然蓋鳴暉對粵劇藝術有個人的執着和專業的堅持。

「唱、唸、做、打」是粵劇藝術的傳統，也是四項基本功。舞台，可以是劇場、戲棚，也可以是廣場，甚至街頭。粵劇的特質是虛擬的，透過表演藝術家的造詣，觀眾在「視、聽」方面感受及欣賞「戲」帶來的歡悅和感動！粵劇的表演藝術家包括伶人、音樂師、服裝、燈光、佈景和音效，每一個環節在創新過程中都必須尊重。甚麼是過多或缺少，便顯「功力」的高低，也就是「藝術造詣」了！能做到融和，不慍不火，渾然一體，那齣戲，便是經典！但談何容易？

第三個反應是「謙和」：

蓋鳴暉也知道「談何容易」，她堅持，但不強求。每次交談及討論，蓋鳴暉都謙厚隨和，常以整體的「戲」為出發點，不求個人表現，令我反思「藝術家」的價值觀和行為表現。

我從事演藝工作四十多年，曾遇上不少不同類別和個性的「藝術家」，他／她們認為不「堅持自我」便失去動力去追求「獨特」，而「獨特」本身便有排他性，進而便只顯得「自負／自大／自私」。

我認為相對於其他的表演藝術，粵劇是很重視「謙和」及「倫理」的藝術，文武生、花旦、小生、二幫花旦、醜生、武生，六柱有主有次，各有崗位，需要大家恰如其分地「合作」才可演出一場好戲。

第四個反應是「靈巧」：

蓋鳴暉鍾情亦忠心於「鳴芝聲劇團」，與班主、團長恍如一家人。三十年來每年百場演出，演過近百齣劇目，每場不設字幕提場，如此專業和多藝的紅伶實屬罕有！人生總難免偶生意外，危難一刻仍能適時應對得宜，少一份智睿靈巧也造就不了今天的成就。除了粵劇，蓋鳴暉也演出電視、舞台劇、個人音樂會……角色變化多樣，她都揮灑自如，遊刃有餘。

與蓋鳴暉共事多年的昌哥（梁廣昌）認為「古靈精怪」一詞可更生動地描畫蓋鳴暉的極快「轉數」。沒有導演崗位的「鳴芝聲劇團」，由選劇、排演、台位、鑼鼓、一舉一動、大小道具，台前幕後都聽蓋鳴暉的指示，台上不單要專注自己的演出，還需要一眼關七，瞻前顧後。四十多年演藝資歷如我，聽見也瘋了！今次有緣合作，每次傾談時，看見眼前淑女般的蓋鳴暉侃侃而談，手舞足蹈，剛柔喜怒，詼諧悲壯，主意層出不窮。一人可飾演不同的角色，如此充滿活力靈巧的大佬倌，也真的只有「古靈精怪」的蓋鳴暉，才可以演活近百個劇目的角色，這應該是香港藝壇的一個紀錄。

第五個反應是「放下」：

蓋鳴暉是平易可親的大佬倌，「放下」的不只是身段，還有名利物慾，和自己的利益，以表演藝術為先，關心他人為先。一般女士的體質比男士柔弱，而她每年演出百場，實在不是一般藝人可以撐得住。尤其香港炎熱的日子很長，「鳴芝聲劇團」堅持到新界離島演出搭棚的神功戲，照顧偏遠的觀眾。沒有空調設備的環境，加上戲服棉

襯墊衣，人就如置身爐上的蒸籠之中！一般大佬倌都會歇暑，蓋鳴暉卻認為劇團很多工作人員按工領薪，沒演出便沒收入，即使辛苦仍會大汗淋漓地撐着演出。這份堅持的心，放下個人利益的精神和魄力，「敬業樂業」四字實在不足以形容她對劇團的付出。當肺炎疫情一度緩和、劇團可恢復有限度演出時，業內很多工作人員都願意減薪配合，蓋鳴暉有感疫情下班中的兄弟姊妹生計艱難，寧可削減自己的薪金，反而建議團長盡力讓其他員工全薪演出。

「放下」暫時或眼前的利益，或許很多人都可以，但一般女性普遍認為婚姻、生兒育女是終身大事，蓋鳴暉卻願意為了粵劇，全都放下……

對於蓋鳴暉的堅持和專業，我無言了，只有祝福！

結語

當冼杞然遇上蓋鳴暉，初次認識便感到「蓋鳴暉」那豐富、多彩多姿的人生，魅力沒法擋。她是舞台上下剛柔兼具的藝海奇葩，堪稱人中鳳凰。背後的李麗芬又是一個怎樣的人？擁有怎樣的人生觀？

我的回應是執筆寫一個劇本，拍攝一部「李麗芬遇上蓋鳴暉」的電影！李麗芬會否一如蓋鳴暉般「開朗爽快」地答應呢？

哈哈！期待……

跨界巨獻
藝術無價

陳永華

一九九六年，在飛機上，參加訪京文化團的陳永華教授拿着機票，正四處張望找自己的座位。

「老師，您的座位在這裏！」一個短髮女孩熱情地招呼。

「謝謝！」陳教授道聲謝坐下，心裏默默尋思：眼前這不是最近廣受矚目的粵劇新秀蓋鳴暉嗎？雖然年紀輕輕，卻也是一位很有名氣的佬倌呀！難得這麼客氣……

陳教授還在思索之際，一袋小零食遞到了面前。蓋鳴暉笑語盈盈，很有禮貌地問：「老師，您吃糖果嗎？」

「謝謝，蓋小姐！」

「叫我 Joyce 就可以了！」

蓋鳴暉一臉輕鬆，真誠又爽快，明亮的雙眸散發着青春的活力。

航機的三個多小時，陳教授和蓋鳴暉有說有笑。「佬倌」蓋鳴暉，一點也沒有佬倌的架子。

「年少成名卻毫不驕傲，對長輩特別照顧，隨和有禮，完全沒有氣燄！我對她的第一印象非常好……」陳教授回憶起初識蓋鳴暉的情景，對她讚不絕口。

回港以後，陳教授便記住了這位粵劇新秀，一直有看她的戲。從粵劇舞台到電視螢幕，再到話劇舞台，從英偉瀟灑的文武生，到時髦靚麗的女性時裝扮相，蓋鳴暉無論男女裝打扮都讓人眼前一亮。當她在粵

劇舞台的時候，觀眾眼裏只有這位風流倜儻的文武生，動作乾淨俐落，走路帶風，比男人更男人，叫人可以忘掉她的女兒身，更讓女觀眾為之傾倒，交付一顆芳心；當她在時裝劇和話劇中出現時，觀眾眼中的她就是一位年輕漂亮的女性，與男主角談情說愛，時而甜蜜，時而幹練，完全沒有粵劇舞台上的影子。蓋鳴暉從來都在兩者間游刃有餘，「一人千面」，兩者絲毫不會衝突。

「我在舞台之下從不把蓋鳴暉當作反串的文武生，而是一位優雅的女士……」陳教授如是說：「蓋鳴暉反串做文武生甚至比由男性來演更具魅力。因為她是中性的，在剛硬與柔美之間取得恰到好處的平衡！」

蓋鳴暉踏上台板，在舞台上身穿男性戲服，不再是原來的性別；在台下卻是一身優雅端莊的女裝，加上淑女的淡妝，從不刻意強調自己的舞台角色。

「台下的蓋鳴暉也是一個女性的打扮，不刻意，讓人覺得很自然，很親切。」陳教授評價道。

「畢竟做戲不是現實。香港看粵劇的觀眾中，女性較多，我希望觀眾陶醉於我在台上塑造的男性形象，但是回到了現實生活，我還是做回自己，過正常的生活……」蓋鳴暉說。

蓋鳴暉在學演生角中也嚐到了甜頭：「因為男生少，我幾乎每次都被老師叫去做示範。重重複複做了很多次，就令老師看到我的表現，多

了機會。我覺得很有優勢，自然就做了小生，逐漸也培養了我的男孩子性格。老師也教過，做小生不能『扮』一個男孩，而是心態的調節，要真正有男孩的心態性格。比如在劇中如何與女生談戀愛，老師會解釋劇中人物的心境等，讓我們更好地投入。」

粵劇表演的複雜性

陳教授是觀看蓋鳴暉演出的常客，他說：「蓋鳴暉近年的演出，我都看了，發現全部都是新戲，唱詞都非常長，特別是《蝶海情僧》這個戲，我就覺得她怎麼這麼厲害？那麼長的詞都能背得下來？最後一場更加長了，現在考中學試也不用強記這麼多字。」陳教授打趣地說。

困難是人生的一個篩子，它挑選出強者，篩掉弱者。背記全新的曲目固然困難，偏偏蓋鳴暉是個有堅韌毅力的強者，被生活的熔爐千錘百煉，沒有被埋沒成無用的渣滓，反而遇強則強，終於成為成才的精鋼。「我喜歡挑戰自己，試試自己能做到哪個地步……」蓋鳴暉道。

陳教授是著名的西洋音樂作曲家，一直接觸無數西洋歌劇，卻對粵劇有着敬仰與愛慕的深情。在他看來，粵劇比西洋歌劇多了一份現場的複雜性、地方性和多元性，總括兩個字：豐富！自從認識了蓋鳴暉，能更近距離接觸粵劇，對粵劇多了份親人的感覺，卻無以名狀。簡言之，就是「親切」！

粵劇與西洋歌劇的分別

　　陳教授解釋「表演現場的複雜性」：「粵劇要會唱會演，每一個動作，走的每一步，包括耍水袖、擳水髮等都要有精確的計算。但是西洋歌劇不需要做這些，只講究唱歌的聲音就行了，甚至可以沒甚麼面部表情。粵劇的設計佈景，甚至用一台精密的電腦也未必計算得準確，但到了現場，多精密的設計，都要憑粵劇佬倌的現場表演作調適！舞台上的一個動作可以做三十秒，也可以是一帶而過，而音樂師傅就要臨場發揮，根據演員的變化而變化節奏⋯⋯不同演員的快慢配合不同，自由度、靈活性比較高，這樣的組合，難度就是『隨機』！」

　　其次是地方種類繁雜⋯⋯「粵劇是一個地方的文化特色，中國各地有不同的劇種，都用各自的方言演出。比如上海的越劇、北京的京劇、湖北和安徽的黃梅戲、河南豫劇等等，都具有濃厚的地方特色。不同的劇種所用的樂器就不一樣，粵劇在百花齊放的戲劇界裏，和不同的劇種相互碰撞、融合，又自成一家！」

　　很多粵劇劇團都不設「導演」，由文武生主導劇團的演出台位和音樂編排。西洋歌劇有固定的歌譜，按拍子演唱為主，幾乎沒有臨場的發揮和增色，表演形式較為固定。相反，粵劇以演員之唱、做、演為主體，音樂是拍和，按演員的「表現」及當日的節奏作和伴。粵劇演員自由度大，可以根據當天的狀態和臨場的情感作出快慢、高低的調整。「蓋鳴暉的唱做演均有自己的迷人之處，十分難得！」陳教授評價說。

　　最後是反串的特色：「雖然西洋歌劇裏也有反串，但是很少，而且也只是讓西方的女聲唱女中低音。不像粵劇裏的女人反串唱男聲，或者男人唱女聲。比如任劍輝唱男聲，早早就存在，很普遍。表現出粵劇的多元性，今天的蓋鳴暉更是成功的典範！」陳教授讚歎地續說。

中西音樂交流匯聚

談到即將開演的粵劇《鄭和傳》，陳教授無比期待：「蓋鳴暉是我第一個合作的粵劇演員。當初我一聽到和她合作，就覺得有了成功的把握！」

陳教授展示出他為鄭和舞台粵劇新譜的粵曲手稿，明顯地與蓋鳴暉平日熟悉的工尺曲譜不同，專研西洋粵曲的陳教授寫的是簡譜。兩種曲譜的表達和格式不盡相同，卻又殊途同歸。陳教授既擅長西樂，又一直與中樂團密切合作，豐富的中西樂知識融會貫通，構成了他獨特的跨文化、跨國界的音樂語言。

陳教授與蓋鳴暉的合作，可說是一次中西音樂的交流！雙方本來有着涇渭分明的界限，但當兩者正面交鋒，結果不是兩敗俱傷，而是利用對方的優勢突破自己。粵劇的戲劇性、神秘感、空靈的意境韻味，與西洋音樂追求理性、與命運不屈抗爭，兩者既有差異，又能對接互補。香港恰恰就是一個中西文化衝突碰撞，交融匯聚的城市，因其獨特的歷史和地理因素，成就西方的思想和文化在中華民族的血液中沉澱，獨成一脈。廣闊的藝術視野，海納百川的世界觀，和清晰的自我定位，孕育出一班底蘊深厚，又別具一格的本地音樂藝術家。

陳教授娓娓道出粵劇的包容性，恰如海納百川，變化多樣，蓋鳴暉集大成的修煉功夫也着實如此。

蓋鳴暉對陳教授感恩地回應：「音樂是陳教授的興趣，也是其終身事業。能將工作變為興趣，興趣成為工作，就是『幸福』！關鍵是，不是抱着為工作而工作的態度，在我來說，有這樣的『工作』，我便很快樂了！」

興趣與下苦功

「有興趣的事未必就不辛苦。比如我作曲，其實過程也很辛苦，寫了很多，結果都不滿意，當成垃圾一樣扔掉，雖然我可以把我的垃圾推出去賣錢，但是我過不了自己的關口。除非你不是真的很喜歡某種興趣，否則不會為賣錢毀壞自己的名聲。年輕人要下苦功，一直做下去，然後才能問成績。世間沒有不勞而獲的事。」陳教授語重心長地說，回想起昔日作曲的艱辛，露出既無奈又有滿足感的笑容。

多少人終其一生都在追尋自身的價值和意義，殊不知做成一件有價值的工作需要付出整整一生去琢磨、練就。

「過程是很痛苦的，但克服自己而帶來的成功感讓人很滿足，因為對手是你自己。」蓋鳴暉深有同感。

曾經有人向蓋鳴暉拋出橄欖枝，只要她願意減少舞台演出，改為多些登台演唱，一台賺的錢就已經是做好幾場粵劇的收入。賺錢又輕鬆又快捷。然而，蓋鳴暉始終堅守着最愛的粵劇舞台，也兼顧班中兄弟姊妹的生計，即使參加電視劇的演出，和中樂團合作，去跳拉丁舞，這些都只是她在找尋自己興趣的路上的中途站而已。

「很多人問我是不是電視演員，我會說不是，我是一個粵劇演員……我一直都是！」蓋鳴暉滿意地說。

蓋鳴暉
在電視界的貴人

曾勵珍

　　採訪伊始，一個小巧窈窕的身形，伴隨着一股撲面而來的強大氣場進門。一身普通襯衣和牛仔褲，一頭清爽的及耳短髮，卻吸引着在場各人的眼球，都想知道這副軀體如何能迸發出如此強勁的力量？她就是香港電視廣播有限公司（下稱無綫電視）時任助理總經理曾勵珍小姐，人稱「珍姐」。她曾培養一代又一代耀眼的藝壇紅人，成就無數星光閃閃的偶像。所謂「流水的藝人，鐵打的珍姐」，可見專業十足的珍姐在工作上長期耕耘所結的纍纍果實，成績斐然亮麗！

　　談及珍姐與蓋鳴暉的相識經過，原是經過蓋鳴暉的誼母劉太介紹。

　　「我對粵劇沒甚研究。」珍姐如是說。

　　蓋鳴暉立即回應：「粵劇唱、唸、做、打，珍姐可能對『唱』和『打』較少研究，但對於『做』和『唸』兩方面絕對很有心得！因為這都是演員的基本功……」

　　「剛認識蓋鳴暉的時候覺得她非常機靈，說話多及快，很爽朗，還有點『百厭』（廣東話，意謂頑皮）的靈巧……」

　　蓋鳴暉有點受寵若驚，連忙回應：「我怎及得上珍姐的心思細密、轉數快、有遠見！」

　　確實如此，珍姐說話間眼看四方、一眼關七，對周圍的人照顧有加，

一直幫身邊人包括座位較遠的工作人員倒茶，加上開朗的笑聲，盡顯氣場強大卻毫無架子的大姐本色。看來蓋鳴暉和珍姐都是性情中人，兩人直爽、俐落的個性，肯定一直合作愉快。

虎度門前的震懾印象

「我第一次去看蓋鳴暉的粵劇演出，在後台望着她從現代打扮搖身一變成了一個俊俏文武生，簡直是另外一個人！」珍姐憶述，當時站在虎度門看着蓋鳴暉整裝待發的背影，五彩的大靠（角色將領的服裝）幾乎有半個人高，稍微不慎就能把人壓垮，但是個子不高的蓋鳴暉傲然聳立，透着一股倔強的勁兒，彷彿背負着整個粵劇的承傳重擔。這畫面和印象令珍姐至今難忘，這絕對是多年來演出累積得來的成效。其後珍姐多次到現場觀看《蝶海情僧》，不論透過台詞、唱腔和做手，蓋鳴暉與情僧真如渾然融為一體的真情演出，每次都把珍姐感動得眼泛淚光，可見蓋鳴暉演藝修養的精湛！珍姐是資深的電視台監製，看戲無數，此時此刻仍被打動，可見蓋鳴暉的功力殊不簡單。

交心與支持

萬千人海中，蓋鳴暉能與珍姐投緣，不外乎「用心」二字。

有一次，珍姐到蓋鳴暉家中作客，突然聊到湯丸，珍姐感歎太久沒能品嚐到現包現做的手工湯丸了……蓋鳴暉二話不說離座跑到廚房搗鼓起來。眾人開始時沒注意，沒想到不一會兒，一陣香甜的氣味從廚房飄散出來。珍姐起身一探究竟，只見蓋鳴暉背對着自己在廚房煮了湯丸，指尖上還沾着剛剛包湯丸的糯米粉，嘴裏正哼着粵劇小曲。熱氣翻騰飄舞，模糊了她的側影。那背影與舞台上風姿綽約的蓋鳴暉不同，但被煙霧籠罩的身影背後，是充滿人間溫情的李麗芬！大家吃着熱騰騰的甜湯丸，唇齒回甘，更甜在心頭，這份感動，珍姐回味至今。之後，兩個嗜吃的人經常交流飲食心得，無怪蓋鳴暉在《俏孔明》下廚弄菜一段戲中的演出如此精彩，維肖維妙！

蓋鳴暉即時說：「當日劉生（劉金燿）去世，我陷入一段迷惘的日子中，幸好珍姐在忙於自己的工作時，仍花很多時間提點我、鼓勵我，給我很多寶貴意見和支持，好比一支強心針。她甚至在大熱天時跑到老遠的戲棚看我演出，為我打氣，是對我很大的支持！相比我入廚房煮那幾顆湯丸，只是微不足道。」

初嘗電視劇

蓋鳴暉在生活上很用心，事業上更是不遺餘力地要求自己做到最好！

有次珍姐去蓋鳴暉居住的大廈約見其他朋友，朋友讚賞時常聽到蓋鳴暉在練曲。左鄰右里並非投訴，而是感歎蓋鳴暉的堅毅不懈，在藝壇日夕浸淫的苦心造詣。珍姐曾問蓋鳴暉：「你對每個新劇本都這樣練習嗎？」蓋鳴暉回答：「不單如此，我對待新舊劇本都一樣認真。我是透過抄曲和背誦劇本，來進入角色。這習慣到現在一直沒有改變，誼妹幗英常取笑我與劇本談戀愛！」

因此，珍姐經常讚揚蓋鳴暉記劇本台詞的功力：「多冗長複雜的台詞，蓋鳴暉都會用時間克服，在她身上看到一個演員對自己專業的尊重，令人佩服！」

「蓋鳴暉對舞台的熱愛和專一是毋庸置疑的，她天生就是吃這行飯的人，願意把生命全傾注在粵劇裏！如果不是有足夠的熱愛，又怎能不停克服一路走來的坎坷挫折？在酷熱的天氣下在鄉間戲棚演出，大汗淋漓仍穿上厚厚的棉花夾衣演出神功戲，這可不是人的生活！」「為了戲班，苦中也充滿樂趣！」蓋鳴暉如此說。正因如此，出於欣賞，珍姐邀請蓋鳴暉到無綫電視，開展電視劇的拍攝工作。

起初與珍姐合作，只是蓋鳴暉在電視舞台上的小小嘗試：「我沒有拍攝過電視劇，但收到邀請是高興的，是別人給我機會學習！」蓋鳴暉說。

回憶起在無綫電視拍攝的情景，從客串配角，到後來得到珍姐的認可，擔任女一號（即第一女主角），其中亦苦亦樂，蓋鳴暉從不抱怨說一句辛苦。珍姐看在眼裏，記在心上：「那時候蓋鳴暉拍攝《蓋世孖寶》最辛苦！武打場面特別多，加上是在夏天拍古裝！外景時日灑雨淋，衣服層層疊疊，濕了又乾，乾了又濕。通告永遠是清晨，收工已經是凌晨……」

對！當時蓋鳴暉每天便是這樣趕戲，每次撐開眼皮在化妝間面對自己的倦容，着實有苦自知……家人提到那段時間跟她恍如陌路人，雖住同一屋簷下，根本沒碰過面。

但是蓋鳴暉都把這些當作演藝舞台的餽贈禮物：「這是一種歷練，豐富了我在表演上的很多認知……」

台上千變萬化，台下孜孜不倦

蓋鳴暉也不是沒有迷茫過，跨界演出電視劇，對一位粵劇演員來說是不小的挑戰！可幸珍姐一直從旁鼓勵，時常很晚收工後仍和蓋鳴暉傾談，不論是對角色的認知和理解，對電視劇本的揣摩，還是對電視鏡頭的把握，珍姐都毫無保留指導她，只為了讓演員的演出效果更好。難得已是大佬倌的蓋鳴暉虛心接受。珍姐說話總是一針見血，她對蓋鳴暉的評價：「台上千變萬化，台下孜孜不倦！蓋鳴暉是一個專注、努力、虛心、堅持的人，是一位常懷赤子之心的粵劇藝術家！」

蓋鳴暉謙虛地回應：「我只是一個專業演員，藝術家便有些過譽了！我一直視珍姐為學習對象，尤其是情緒智商方面；珍姐工作能力高之外，觀察力和洞悉力很強，反應更快，還對身邊人關心照顧！希望珍姐不時提點、教導，如可以，這便是我最大的福氣！」

由舞台到電視，由粵曲到流行曲，由武打到舞蹈，蓋鳴暉在每一個崗位都能掌握精髓，表現淋漓，這不正是我們常說追求「一人千面」的藝術表演者嗎？這就是蓋鳴暉，一個從不自滿、不斷努力求突破的粵劇演員！

後記

　　作為專業演員，在劇本上做功課是應該的，但蓋鳴暉做的功課比別人更多，更詳細深入，甚至連台位、佈景、道具也畫齊。可見蓋鳴暉的成功是努力修煉回來的！

緣起粵劇
用筆演戲

鄭國江

「禍福得失睇開啲，人生好比一齣戲……一翻筋斗幾個際遇，時來運到即沖天飛。人生天天新開始，何必傷心悲失意。若今天失敗來多次，人生好比演戲…唏！」一九八二年無綫電視上映的《戲班小子》主題曲，訴說了戲班小子學藝的辛酸苦累，也激勵了這班學徒成名的鬥志與決心。

「《戲班小子》講出了我們戲班小子的心聲，非常到位……」蓋鳴暉由衷感歎，從前練功的艱辛歷歷在目。「猶記得二〇〇八年再次與香港中樂團合作時，閻惠昌老師問我喜歡唱甚麼歌？在我腦海中立刻浮現了《戲班小子》！因此我毫不思索地便在演唱會中選唱了這首歌，及後的演唱會專輯，我也把這首《戲班小子》收錄入內，可見我真的很喜歡這首歌！」

「當初我寫《戲班小子》，完全沒想到會有粵劇人唱我的歌！」鄭國江老師感歎人與人之間的緣分之玄妙。

可能是因為一直從事教師工作，鄭老師的聲音渾厚有力，說話時帶着慈祥的微笑，聽起來就像一位良師對學生們諄諄教誨，讓人如沐春風。今天和鄭老師見面，只見他的頭髮銀黑相間，梳理得一絲不苟。身材不高，卻腰身挺拔，頗有一股年輕向上的韌勁。加上長年飲食清淡，保養得宜，鄭老師神采奕奕，絲毫看不出來他已過杖朝之年。

勇於開拓新道路

談起與蓋鳴暉的相識，鄭老師表示自己一直「聽」着、「看」着蓋鳴暉成長、成名：「葉紹德先生和我亦師亦友，一直向我講述怎麼栽培蓋鳴暉。她受到一班最好的音樂老師和舞台老師栽培，我對她的學習過程非常了解。」

「蓋小姐是香港粵劇反串文武生中最接近表演藝術的人，而不純粹是一個藝人。因為她能接納不同的表演形式……」鄭老師如此評價蓋鳴暉。

「我很感動的是李居明帶着他們（蓋鳴暉及其劇團）去日本、新加坡等不同地方表演，這是一個特別的機緣。其中日本的寶塚歌劇團同樣有大量女性反串的角色，和香港的粵劇團互相交流，互相吸收，是對兩地表演藝術的昇華。而且李居明的劇本難度高、挑戰大，蓋小姐在這樣的情況下能與他長期合作，很不容易……」鄭老師誇讚道。

「我要克服自己，前路難測，從未有人走過，如果我能找到方法走出自己的路，那麼後人就會好走一點。」蓋小姐的一番話，展示一代粵劇名伶的氣魄和擔當。

與同類型的傳統文化藝術一樣，香港粵劇正面臨時代的考驗。年輕一代普遍追求潮流文化，對粵劇知之甚少，導致傳統藝術漸被邊緣化，而觀眾也日漸老化、甚至出現斷層。今天的香港，學戲的人很少，青黃

不接，雖然政府支持成立的演藝學院設有正統的粵劇教育學科，每年也培育了一些新人，可惜香港的職業劇團不多，新人出頭的機會有限。有些業界人士也詬病學院出來的新人不能吃苦，其中也有些過於偏重學術及理論，與老一輩粵劇藝人着重實踐和經驗顯得格格不入；另一方面，香港寸金尺土，令粵劇場地急劇減少，連慣常上演粵劇的殿堂「新光戲院」也險些被迫結業。

有些人認為今天粵劇的困境不能單單歸咎於當代人重物質、輕文化的弊病，還需要考慮粵劇界本身是否可以擺脫固有的思想枷鎖，活化刻板的表演模式？他們認為粵劇的劇本創作除了保留經典的劇目，也應改革和擴闊粵劇的題材和內容，例如傳統粵劇還有不少愚忠、愚孝等不符合現代思想的情節，宜適當刪減以免引起觀眾的負面情緒……演出方面，是否也應配合現代人的審美需求，適當地使用一些現代舞台科技，增加效果？

「我看了蓋鳴暉的《花海紅樓》，第一次看粵劇把《紅樓夢》玩得這麼大膽，吸納了不少年輕的粉絲！」鄭老師說：「我每次在電視上看到蓋鳴暉都很驚訝，因為她是粵劇界中最接近時代的女生。她的服飾妝容都很貼近現代，不會只以一個傳統粵劇藝人的形象展示，非常讓人親近。你問我，我就覺得這點很重要，因為她是和時代同步前進的。」

「我勇於挑戰，因為未試過。而且想自己開拓新道路。最重要的是，就算很喜歡某一種戲，演員也不能永遠墨守成規，只走一條路，這樣的人生不夠豐盛。」蓋鳴暉的一番話，詮釋了一位伶人突破自我、突破舊有局限的勇氣。

同樣，鄭老師作為填詞人，在創作粵曲方面也銳意突破，不落俗套。「傳統粵曲太長，我就想反其道而行之。」鄭老師笑着說。

蓋鳴暉和應：「傳統人士非常在意照足前人的規矩，但是鄭老師的成功，就是不拘一格！」

或是天命有定端，當年一曲《戲班小子》開始了鄭老師與粵劇人的緣分。時至今日，當年跟隨師傅辛勤學藝的「戲班小子」蓋鳴暉早已成長、成名，在粵劇舞台上大放異彩；更和鄭老師結緣，共同籌備令人矚目的粵劇《鄭和傳之情義篇》。

首次粵劇合作機會

另一位不得不提的重要人物，是粵劇《鄭和傳之情義篇》的總舵手冼杞然導演。上世紀六十年代，鄭老師剛踏入 TVB 做節目，就與冼導演認識，但是工作上兩人一直沒有合作機會，也沒有私下的交流和接觸。沒想到幾十年後，在冼導演的引介下，聚集了一班在不同領域各領風騷的專業人士，其中包括粵劇名伶蓋鳴暉小姐、填詞人鄭國江先生、作曲家和音樂家陳永華教授，及身兼粵劇演員和編劇的黎耀威先生。

「接到了粵劇《鄭和傳之情義篇》的合作建議，我覺得很興奮，因為這是我沒做過的事……」鄭老師講起創作便特別健談：「我寫的詞介乎白話和粵劇用語之間，如果歌詞太貼地就會和戲脫節。」寫完第一首《誅十族的悲歌》，鄭老師覺得很放心，表示自己的風格不會與整部戲格格不入。

鄭老師寫的「詞」有個特點，只要看到歌詞，聽眾的腦子裏就已經不自覺運轉對應的旋律，從單曲到歌唱趣劇，再到唱片歌曲。寫了那麼多種類的歌曲，這次鄭老師最終回到其童年時代最嚮往的粵劇。

「我從小就鍾情於粵劇。小時候有個機會跟黃千歲學戲，可是媽媽沒有答應，我的伶人夢就這樣破滅了！」鄭老師回想起來，好似還身在當年的孩童時期。

兜兜轉轉，彷彿又回到人生的起點。二〇〇八年，粵劇編入本地的中小學課程，鄭老師擔任一套教育類音樂書的顧問，就此與兒童粵劇結緣。

推廣兒童粵劇教育

近年政府大力推動粵劇發展，令原本沉寂的傳統藝術勃發生機。各大小兒童粵劇團如雨後春筍般興起，其中不乏愛好粵劇的小朋友，也有一些是奉父母之命「不得已」才去學戲。

蓋鳴暉舉了一個例子：「我曾接觸過一個十幾歲的小朋友，問他是

不是真的喜歡粵劇？他說不喜歡。我問他那為甚麼還要學呢？他苦着臉說，因為媽媽要我學！」這例子是否普遍現象不得而知，但也有很多小孩很喜歡「做大戲」，又唱又做，連家長們也樂於為自己的孩子化妝和穿上戲裝，長者看着自己的孫兒學戲更樂得合不上嘴！其實粵劇的裝扮鮮明亮麗，某些臉譜色彩斑斕，特別吸引小孩的興趣！而粵劇故事很多內容都是講述忠義仁孝和恩深情重的故事，對年輕人也是良好的教育課程。在中小學推廣粵劇，是一項非常好的課外活動，同時也可延續粵劇的培育工作。近年教育局鼓勵學校開辦粵劇班，並給予津貼，雖然在政府的推動下，學習粵劇的機會增加，但有些小朋友仍然覺得粵劇不容易把握！

蓋鳴暉解釋：「藝術不是每個小朋友一接觸便明白。但粵劇的趣味性很強，初接觸應從趣味方面入手。很多年輕人之前或許不喜歡，但接觸多了，可能突然某一天發現其中的趣味，吸引了他，就喜歡了！這是一種奇妙的感覺，很難預料。倘若要我介紹未接觸過粵劇的朋友看粵劇，我推薦他們看《三笑姻緣》、《獅吼記》這些喜劇，故事有趣，情節讓人容易投入，劇中人物也家傳戶曉，由此可加深對粵劇的興趣！」

「我開辦兒童粵劇團的最大目的，不是希望栽培小演員，而是希望同學能在這個過程中更了解粵劇，將來懂得如何欣賞粵劇，懂得判斷何謂好與不好，也可以帶自己的朋友欣賞粵劇、評論粵劇。」鄭老師的一番話，展示了很多教師推動粵劇教學之根本，此與蓋鳴暉一直以來推動青少年粵劇發展的理念不謀而合。「鳴芝聲」多次安排折子戲的間場時間讓兒童粵劇演出，目的是讓小孩親身體驗踏台板的感覺，每次演出，小演員均興奮雀躍，家長親朋反應熱烈，對粵劇的承傳和推廣都是好事！

當然，不是所有兒童粵劇和學生都能踏上舞台，但在學習過程中，提高他們的藝術修養與品味，培養一顆顆熱愛藝術的心，必將為傳統藝術文化注入源源不斷的新鮮血液。

人生與舞台

　　言談間，沒想到從事教師一輩子的鄭老師，兒時還有一個明星夢：「我小時候很喜歡表演，想做明星。當時藝員訓練班招生，我特意到影樓拍照，寄去當時的電視台『麗的映聲』，但是連回音都沒有！」鄭老師繼續娓娓道來：「當年播音明星很火紅，我就去報讀了商業電台的播音訓練班，還和鄭少秋同屆。順利畢業後，有機會簽約。可是簽約的要求就是錄音員要隨傳隨到，當時我正在小學教書，不能隨傳隨到，就只能放棄了！」

　　演員夢碎，鄭老師卻幸運地用自己的一支筆圓夢舞台：「我一直在用『筆』寫不同的角色，有《阿信的故事》裏的阿信、《真的漢子》裏的程家俊……每個角色都在我心中活過，所以我沒有遺憾！」

　　鄭老師的話，讓人不禁想起蓋鳴暉那句「與劇本談戀愛」。因為條件所限，鄭老師沒有成為演員，卻用自己一支筆圓了戲劇的夢；蓋鳴暉愛上粵劇，為了事業豁出一切，一生不離不棄，在台上經歷千百個愛情故事！有時按下葫蘆，卻浮起了瓢……戲劇人生、人生戲劇，台上台下不同角色，各演出不同的際遇。只要心安，自得其樂！

　　昨天的「戲班小子」今天已成大器。迎來的明天，期望《鄭和傳之情義篇》中的蓋鳴暉唱出鄭老師筆下的曲詞，「情義」知心，人生本如此！

君子如松
因材施「法」

劉洵

一九九六年，三五十名燈光師、佈景師、化妝師、演員……為慶祝香港回歸戲劇界大匯聚，集合所有生角和旦角，表演粵劇《趙氏孤兒》。距演出還不到一個月，他們都為排練忙得不可開交。當時一道犀利的目光一直注視着文武生，武術指導以嚴肅的聲音說：「還不夠，你演的是趙武小時候淘氣、跑去打獵的樣子，不應該規規矩矩，試試盡量俏皮一點。」

文武生又試了一遍，武術指導還是不滿意。他沉吟了大約十幾秒，為文武生量身定做一套動作。「這樣，加一個小飛腿，嘿！」武術指導說畢，親自示範，將一個十幾歲孩童的天真淘氣詮釋得活靈活現。

文武生看了，登時了悟，將動作牢牢記在心間，心道：這位老師果然名不虛傳！練了好幾次，武術指導沉吟不語，默默看着，終於點點頭：「過關了！」

這就是蓋鳴暉和當時擔任武術指導的劉洵老師相識的經歷。只是短短一次排練，已經令蓋鳴暉對劉老師的功力佩服得五體投地。

所謂「席不正，不坐」，站如松、坐如鐘的劉洵老師，只消端坐在哪裏，哪裏就有一股浩然正氣。

抓緊機會求教

「劉老師，當年您剛認識我的時候，對我有甚麼印象嗎？」蓋鳴暉在劉老師面前，彷彿一個耳提面命的小學生，在老師的威嚴下恭敬謹慎。

「你不說還根本就沒有甚麼印象……」沒想到，劉老師這樣說：「當時你們一班都還是小孩子嘛！」劉老師一頭黑髮，染得一絲不苟，一口地道的京腔，聲如洪鐘，娓娓道來：「八和（八和會館）的葉紹德（著名編劇家）走來，囑咐我說，這是蓋鳴暉，我們八和的學生。還是個新人，劉老師可要好好栽培。我一聽，心想，『蓋鳴暉』，這名字好！胸懷大志！」

「我當時特別害怕這名字流傳的謠言，讓老師以為我是個盛氣凌人、飛揚跋扈的新人……」蓋鳴暉笑着說。

「這有甚麼問題呢？以前有位京劇演員叫『蓋叫天』，是取自『譚叫天』的名號。所以當時對『蓋鳴暉』這名字，我很有印象！」劉老師略微一沉吟，繼續說：「我雖是八和的老師，但八十年代剛從北京來到香港，因為北派和南派戲曲有別，很多人都說我教的東西接受不了。所以半年之內梁醒波（八和的第一任主席）都沒有給我安排任教課程，自然沒有接觸到蓋鳴暉了……」

「只是緣分未到……及後我拜入聲哥（林家聲）門下，劉老師就一

直不敢給我提太多意見。」蓋鳴暉點點頭，回應：「但是近十多年來，我總覺得自己很多地方做到了，卻怎麼都做得不夠完美……」

「我已經從藝三十年，有了一班忠實粉絲。喜歡我的人，覺得我做甚麼都接受……而且很多老師都不敢隨意指點我，我之前雖然找過劉老師，但是因為時間及各種原因而不了了之。這一次我下定決心，一定要找到劉老師請教，抓住他這個『寶藏』，也算是延續我們的緣分！」

誠然，在觀眾眼裏，蓋鳴暉已經是香港粵劇界首屈一指的文武生，成名多年，已是閃閃生輝的巨星。但是她深深明白，所謂「人非生而知之者，孰能無惑？惑而不從師，其為惑也，終不解矣。」蓋鳴暉清楚自己的一套未必都是完美的，所以向來虛心受教，一直找尋名師，希望在演藝的路上更上一層樓。

「我知蓋鳴暉是林家聲的徒弟，聲哥是大師，我可不方便教聲哥的徒弟。但是蓋鳴暉非常堅持，說聲哥不會介意……所以我答應了，對她因材施教，量身定做，按她的條件進行突破……」劉老師推了推鼻樑上的黑框眼鏡，回憶起來。

事實上，教一個已學有所成的人並不容易。因為蓋鳴暉從藝多年，很多技藝、唱法都已深入骨髓，一些動作，甚至成為肌肉的記憶，並非輕易能夠改變。蓋鳴暉有自知之明，也充分信任劉老師的功力。練習伊始，她就對劉老師說：「老師，您放心改，就當我是一張白紙來作畫，就算把我原來學的全部洗掉，重新再來也沒問題！」

法和術的奧秘

教與學的良性配合，被視為學之根本。中國著名教育家陶行知曾提出「教學合一」的基本要求：先生的責任不在教，而在教學，教學生學；教的法子必須根據學的法子；先生不但要拿他教的法子和學生學的法子聯繫，並須和他自己的學問聯繫起來。

演員和師傅之間也需要相互磨合，相互理解。兩個人擁有共同的目標和想法之後，才能有所進步。畢竟教學的初心，不是為了賺錢，而是改進不足，提高水準。

劉老師有自成一家的獨門秘笈和教學理念，他深知「法」和「術」，二者有機結合的奧秘。很多佬倌找他指導之後都受益匪淺！劉老師認為戲曲的重點在於節奏，要解構節奏，就要懂得「法」和「術」的問題。

劉老師聲音有如空谷傳響，又有如深山古刹的晨鐘。只見他慢條斯理地呷了一口茶，緩緩道出「法」和「術」是甚麼。

「法」是法則，是基本功，實實在在的功夫，有多少功力，便有多少表現。

「術」是表演，以某種表現方式達到效果。

舉個例子：比如演戲，想踢腿，你的功力多少，能踢多高，便看你的「法規」修為練到多高便踢得多高。但如果你因為受了傷，身體尚未復原便上場表演，身體機能條件不夠就踢不起來。作為一個負責任的演員，必須讓觀眾看到角色在舞台上的表演，如要你硬踢也踢不起，甚至會傷上加傷。這時候，平時練功時便要練習「術」！即是說，假設你一定要踢腿踢到某個高度，可是如你可以用「方法」，即以身體的姿

態或角度遮蓋了一些位置，分散了觀眾對踢腿的注意力，避免了腿踢得不夠高、不夠好看，從另外的「注視」欣賞到演出者身上的其他優點，就達到理想的「視覺」效果！這只是權宜之「術」，以補助臨急的不足而已！台上一分鐘，台下十年功，不欺場是藝人修為的「法規」，給觀眾看到賞心悅目的演出是藝人的本分。劉老師的教導讓蓋鳴暉更深刻體會藝人的修為和原則，若果不幸受傷而必須繼續在舞台上演出，蓋鳴暉活學活用了劉老師的「術」，在某段受傷的日子仍可保持演出，觀眾也知道蓋鳴暉挺着痛楚落力地不欺場表演，大家都不禁鼓掌讚賞！

「我一般給佬倌講『術』，不講『法』；但是給蓋鳴暉講『法』，她能接受，這對於有名的佬倌來說是很不容易的，因為一般人接受不了，也不會改變。」

「劉老師處於導演的位置，對整個戲曲的架構很清晰，懂得幫助演員揚長避短。他也從不罵人，不會把自己一套強加於人。」蓋鳴暉欽佩地說。

「對，我經常說，演員不一定要按照我的方法，畢竟演員不是一個工具。只是你可以試試，如果效果好了，可以沿用。」劉老師只是靜靜地坐着聊天，氣場卻強大得讓人無法忽視。

「噢，還有，基本功不能放在唱戲裏面。因為基本功就是基本功，要融化在表達裏。有時候動作很多，但是讓別人看不出動作來，就是高招。同時要按照自己的機能來處理。所以也出現了很多不同的派別，因為個人的風格和特點，以自己的感覺表達出來的，就比較高級。」劉老師思路清晰，接着說下去。

「演戲的時候表達角色喜怒哀樂，比展現演出功架重要。演員是演繹角色，而不是模仿他人。通過觀察不同人的行為，領會這些人的情緒，化為自己內在的感受，從而創造出屬於演員自己的角色，表現為外在的動作。這也是演員的自我修養。」

「沒錯，劉老師經常教我，要自發性地把動作轉換為自己的內在，同時又逼迫自己走出一些有挑戰的路，如果走出來，就很了不起了，」蓋鳴暉補充道，「老師經常教我們不一樣的動作，包括很多高難度的。但是他從來不要求我們都會做，而是希望我們能消化成為自己的內涵。像種子種在心中發芽一樣，自發地做出來，由內而外，再由外而內，這就是點到為止。」

譬如劉老師教蓋鳴暉做揈水髮，揈十下和揈一百下都是同一個動作，但是如果太多，就過猶不及，唯有點到為止，才是最好的狀態。因為多了觀眾就看膩了，少了也不行。

「我從來不希望觀眾看出來你是學習我的東西，我只希望你的表演是真正屬於你自己的。那些耍得很厲害的表演，其實是龍虎武師的特長，雖然獲得很多觀眾的掌聲，但是蓋鳴暉應該是唱戲的……」劉老師注視着蓋鳴暉，認真地解說。

「這就是劉老師的修為！」蓋鳴暉不禁讚歎。

「很多佬倌放不下尊嚴來請教，但是蓋鳴暉做到了！」劉老師說。

超越「蓋鳴暉」

「老師對我未來有甚麼期望嗎？」蓋鳴暉發問。

「有！對你的第一個建議，就是突破才子佳人的框架！」劉老師想都不想便回答：「現在的粵劇基本上是才子佳人的戲，但是粵劇本身是很寬敞的舞台，帝王將相、才子佳人、販夫走卒都是戲劇表現的對象。」

「但是現在觀眾就愛看才子佳人的戲呀？」蓋鳴暉有些疑慮。

「我之前排練《霸王別姬》，就嘗試恢復粵劇原本的面貌。其實，原本的粵劇並不是『六柱制』的，可以行行出狀元。所以佘太君是老旦為第一的，李廣王是大花臉。我排戲時都有意識突破這『六柱』，有人說觀眾不願意看，但是其實如果戲排好了，觀眾還是很愛看的，這是通過實踐證明的。如果問為甚麼我一個北京的外來人，還能在粵劇佔有一席之地，就是因為我為粵劇付出努力，因為我有自發突破他們原有的局限⋯⋯」劉老師分享他的經驗。

聽了劉老師的話，大家的心神都有些震撼，似乎有一束火光，緩緩升起，燒炙着人們的心。想起那孤直的松柏，向來難為桃李顏，卻在凌風中方知節操剛勁，負雪才見心志堅貞。投閒置散不能磨滅一個人對藝術的熱愛和心志，只因這人如同寒風暴雪中的蒼松那樣，不屈不撓，傲然挺立在天地之間，為世人展現出淡泊大度的高風亮節。紅塵濁世中，如勁松一般，堅守對藝術的執着和忠誠，大概就是劉老師這樣的一代戲曲大師。

劉老師思索一番，繼續說道：「紅伶和藝術家只有一線之別，就在於會不會做人，能不能把自己的位置處得恰當，蓋鳴暉已經開始慢慢跨過了這道門檻。我希望，未來的蓋鳴暉能跨越『蓋鳴暉』，超越自己，不斷努力刻畫人物。要記住，是蓋鳴暉在演某個角色，不是某個

角色在演蓋鳴暉。」劉老師目光炯炯有神，一雙黑漆漆的眼珠像鑲着兩塊磁石，能把人吸進去，讓人不自覺地精神集中。

「對！老師說的就是『一人千面』和『千人一面』的道理！就是希望我演甚麼像甚麼。」蓋鳴暉率先開口。

「沒錯，外行看熱鬧，內行看門道。不怕千人看我，就怕一個人看我，那個人就是行家！我看來，蓋鳴暉是可以更成功的！」劉老師欣慰地笑着，目光如炬，好似透過蓋鳴暉看到了她的未來。

「所謂師傅領進門，修行看個人。現在，是看我自己的時候了！」說罷，蓋鳴暉真誠地看着劉老師，雙眼充滿敬佩。

後記

蓋鳴暉的表演手法有其獨特風格，
學習領悟能力強，
扮相俊俏有書生之「大氣」是其優勝處！

劉洵的寄語

蓋鳴暉以其獨特之唱功、做手、表演手法有能力可創立自己門戶，宜以「蓋派」打造風格化的演出！

上善若水
澤物不爭

劉幗英

「我對蓋鳴暉非常了解，從共同成長生活，到現在一起共事，我們共同經歷了無數喜怒哀樂的日子，幾乎甚麼事都可以代她回答了吧？」

她是劉幗英，「鳴芝聲」現任團長，一頭爆炸鬈髮，皮膚白皙得像搪瓷娃娃，愛穿裙裝。她總是笑得那麼恬靜，眼睛瞇成了一道縫，顯得明媚溫柔又和藹可親，說話溫聲細語，似乎永遠不見她有壞脾氣的時候。

簡單說說，「鳴芝聲劇團」創團班主是劉幗英的父親劉金燿先生，他賞識當時仍名叫李麗芬的蓋鳴暉，成功栽培她成為今天蜚聲藝壇的文武生。當時幗英在加拿大唸書，蓋鳴暉與劉先生已結誼親，為工作方便，蓋鳴暉搬到劉家居住。

「我小時候特別調皮，走路也像個男孩子，每天早上穿戴整整齊齊上學，到家就像是從垃圾堆裏滾了一圈回來。光是校裙都不知道讓傭人姐姐縫補了多少次，經常被媽媽責罵。」幗英回憶這段叛逆的經歷，說得眉飛色舞。

幗英的寬容與樂天似乎是天生的，所以當她放暑假由加拿大回港，看見家裏多了個姐姐蓋鳴暉的時候，十多歲的幗英除了愕然，也只是覺得「挺好，媽媽的注意力被分散，那就可以少責罵我了……」。

幗英和蓋鳴暉同房住了一段時間，她每日見到的不過是蓋鳴暉為了演戲早出晚歸，回家又只是埋頭背曲。暑假一過，幗英回到加拿大繼續學業。

蓋鳴暉情繫藝壇三十年　戲夢傳奇

父親安排打字幕的用意

學成回港後，幗英協助父親在劇團做一些文職工作，卻不去戲院也不到戲棚。突然有一天，劉父叫幗英到戲院幫忙打字幕，當時很多粵劇演出沒有字幕安排，幗英就答應了。字幕中有很多生僻的中文字，其中曲詞很多古文詩詞，對自小留洋讀外語的幗英帶來不少挑戰。但她性格倔強，遇事必解決而不休，不但克服了對文縐縐的中文古字的恐懼，漸漸生出興趣，甚至憑自己的努力完善了投放字幕的設備，竟然對粵劇特別的語言文句頗有心得：「我發現不同劇本相同的詞句寫法有時會不一樣。比如有的寫『尚方寶劍』，有的寫『上方寶劍』。我就去查證，應該甚麼寫法才是對的。」在這個潛移默化的過程中，幗英閱讀了無數個劇本。其後她才知道爸爸派遣這份差使給她的苦心：負責字幕必須反反覆覆把一齣戲看上幾次，打字幕時更要跟着台上的戲「走」！如此一回一回地看，對劇團的演出劇目便滾瓜爛熟。其後幗英接了爸爸的棒，擔上了「鳴芝聲劇團」團長的重任。如今劇團的戲，幗英如數家珍倒向也可唸出來！

打字幕的趣事幗英還有很多：「我試過看蓋鳴暉演《三笑姻緣》之『追舟』一段戲的時候看得入了迷，跟着觀眾大笑，忘了打字幕，錯過了很多句……」幗英說着，摀着臉，笑得肩膀一聳一聳的。

心知蓋鳴暉是個追求完美的人，這麼大一段字幕都遺漏了，回去

少不了要被這位嚴格的姐姐訓斥了。幗英戰戰兢兢，然而蓋鳴暉卻完全不知道這回事，因為她每月在台上演戲都非常專注，演完戲很快又全情投入另一項工作中……那次她避過了被蓋鳴暉責罵，以後的日子便打醒十二分精神，一絲不苟目不轉睛地盯着字幕機！這裏多說一句，「鳴芝聲」的字幕機是面向觀眾的，蓋鳴暉嚴格要求全體演員，不論大小，都必須熟讀曲譜台詞，演出時不能看字幕提場！

蓋鳴暉有抄曲的習慣，邊抄邊在劇本寫下很多註解，例如這裏唱甚麼音調，那裏應高音或低音……也註明那裏是甚麼佈景和台位！蓋鳴暉對每個劇本都滾瓜爛熟。

更誇張的是，蓋鳴暉好像跟劇本「談戀愛」般！即使往外地旅行也會帶幾份劇本同去，其中有些是不常演出的劇目，她說正好趁旅行空閒時溫習一下，到有機會演出時便不會陌生，蓋鳴暉真的「與劇本有個約會」！

幗英說：「有次凌晨時份，在家中見到蓋鳴暉手拿短期內都不會演出的《李後主》劇本自己踱步，邊唱邊演……」

背負千斤重擔

在劇團的日子如白駒過隙，一個毛毛躁躁的年輕女孩幗英，在聽戲和哈哈大笑中，逐漸對粵劇藝術有了耳濡目染的印象和了解。粵劇的琴絲竹鳴，腔調韻味，也不經意地融入幗英的生命中，從陌生到熟悉，從應付到用心，幗英對劇團的感情越來越深。雖然如此，粵劇始終不是她的理想職業，隨着結婚，幗英離開了劇團，開展她的另一段新生活。

天有不測風雲，人有旦夕禍福，劉父患上癌症，也來得很突然！劇團是劉父耗盡半生凝結而成的心血，他還清醒之際，緊緊抓住幗英的手，

希望她繼承劇團的事業。看着爸爸額前的皺紋，殷切的眼光，懇求的語氣，幗英沒有辦法拒絕。

從前，幗英只是幫劇團處理一些行政工作，現在卻一下子要接手爸爸龐大的劇團，一時間當然手忙腳亂⋯⋯很多人以為，隨着劉父的逝世，「鳴芝聲劇團」可能會停演，「蓋鳴暉」這顆明星或會逐漸淡出。

幗英卻在流言蜚語中站了起來，以一己之力，扛起「鳴芝聲」這個重擔。她再一次踏入從前工作過、熟悉的劇團，但這次是以團長的身分。作為一個常年在外國留學生活的人，對粵劇幾乎一無所知，怎樣和台前幕後的佬倌、師傅談合作、商量台期，怎樣調動人手，爭取演出機會，幗英都要重頭學起。幸而她的好姊妹蓋鳴暉是她的支柱，她既是文武生，也是任勞任怨的誼姊，二人同心，其利斷金，「鳴芝聲」繼續在風浪中前進！

剛開始接手劇團兩個月，為了證明自己的能力，她接了很多演出工作。即使極其耗費體力和精力，蓋鳴暉都毫不猶豫地答應下來。那段時間，劇團每個月的演出甚至比劉父在生時更多。

演出接得越多，就越辛苦。辛苦之餘，還時常在外受委屈。在梨園之中，很講究規矩和輩分，幗英作為一個粵劇的初哥，時常被質疑。那段日子，幗英幾乎每次回到家都會哭。

幗英深知對爸爸的承諾有千斤重，卻沒想到千斤的重量這般讓人難捱，她甚至想過放棄。只要放棄劇團，便不需再被繁重的工作壓身。回到丈夫的身邊，兩人也無需經常聚少離多。然而看到劇團的一桌一椅，舞台的一樑一柱，望着蓋鳴暉背誦曲譜時厚厚的一摞劇本，那上面密密麻麻的一筆一劃，其中傾注了多少爸爸的心血，多少姐姐的汗水？幗英咬咬牙，下定決心不可放棄、不能妥協！

互相信任的默契

　　蓋鳴暉就是她堅強的後盾，沒有修飾，沒有託詞，只有質樸的雙手，寬闊的胸懷，迎接這個失去父親庇佑的妹妹。蓋鳴暉安慰她說：「不要哭，不用難為自己，不開心就不要做！」簡短的幾個字，卻有千斤力量，義薄雲天，始終聳立在生命之源，伴隨着幗英走過每一段坎坷而孤獨的路程。沒有了爸爸的日子，蓋鳴暉就是幗英的庇佑和支柱。

　　當時有人向幗英提醒，要提防外人，說有別有用心的人在唆擺，矛頭直指蓋鳴暉。幗英斷言說這個家沒有外人，都是最親最愛的人！顯然蓋鳴暉從沒在任何事上讓幗英失望。

　　「如果將當初我爸媽培養蓋鳴暉，比喻為栽種一棵幼苗，那麼我非常欣喜地看到，這棵樹一點都沒有長歪！」幗英語氣真誠地說：「很多人都說蓋鳴暉是幸運的，遇到劉先生這位貴人。人們以為蓋鳴暉記性好，所以『過目不忘』。其實我知道她不是一個記性特別好的人，我看到的是她每次演出前每晚背誦曲譜，直到天亮還沒睡。家裏一疊一疊她手筆所抄的劇本，每個角色都融入她的腦海裏。她的努力和付出被很多人忽略。大家都說劉金燿成就了蓋鳴暉，但是我要說，如果沒有蓋鳴暉的努力，也沒有劉金燿先生的粵劇事業！」

　　簡單直接，痛快爽朗，從不試探，也從來不給幗英任何壓力，這就是蓋鳴暉。兩人之間只有「可以」和「不可以」——說「可以」的時候，就是真真切切的答應；對於不願意做的事情，就直截了當地說「不可以」。姊妹二人同舟共濟，遇事互相商量，各有主意卻不盲目，當遇到對方很想做的事情，大家不是斬釘截鐵、沒有回轉餘地硬撐到底。彼此溝通商

量好緣由，也會尊重對方的意見才行事，如此合作和相處，劇團一路乘風破浪，一波一波地航行……「蓋鳴暉給我最大的支持，就是無論我想要做甚麼她都會支持我！」幗英綻放笑容地說。

這段深厚的姊妹情誼就像一束陽光，讓人的心靈即使在寒冷的冬天也能感到溫暖如春；像一泓清泉，讓情感即使蒙上歲月的風塵依然純潔明淨。

幗英在挫折與負重中邊做邊學，終於一次又一次「闖關成功」，為觀眾呈現出精彩絕倫的演出，「鳴芝聲」的成功就是蓋鳴暉的成長，所贏得的滿堂喝彩和掌聲，就是爸爸在天之靈的最大安慰……「看到觀眾欣喜的反應，我就覺得自己的付出是值得的。」

接手劇團，既是承繼爸爸大半生的心血，也是延續蓋鳴暉的舞台！「倘若手上拿着的一塊玉的質地不好，那沒必要勉強去雕琢。但是手上拿着的是稀世寶玉，放棄的話就很可惜！」幗英如此比喻蓋鳴暉在粵劇舞台上的造詣。

「雖然自小家裏多了個姊妹，但是我對蓋鳴暉不存在嫉妒，可能是那段時間出外讀書，很少在家。後來我會很感謝蓋鳴暉，在我和妹妹不在家的時候，也只有她陪伴爸爸媽媽！」幗英感動地說。

「還有一個驚天大秘密，我之前跟朱慶祥老師學唱戲，老師說我節奏感特別好，應該改去學樂器，所以我就沒繼續唱下去，如果……」幗英說到最得意的一段：「所以，蓋鳴暉後來跟朱師傅學藝，按輩分她可是我的師妹而已，哈哈！」

蓋鳴暉在一旁笑着打趣：「真可惜，從此粵劇界少了一位節奏感好的奇才！」

「是粵劇界的天才！」幗英搶着說。

看着她倆嘻哈玩樂，比親姊妹更親！在家的時候，劉媽媽對蓋鳴暉就和普通父母對自己孩子沒甚麼兩樣：「芬！快點出門，要遲到了！」「芬！你又不收拾好行李，明天就要出發了！」幗英模仿劉媽媽的語氣和姿態，惟妙惟肖。

「媽媽是出於愛我們的，很關注我們的衣食住行……」蓋鳴暉笑一笑。

「那你一定要沾多一些媽媽的愛呀！我不會呷醋的……」幗英俏皮地說。

上善若水，水善利萬物而不爭。水性綿綿密密，微則無聲，巨則洶湧，與人無爭且又容納萬物。擁有一顆寬容的心，生活將會如星光般璀璨，不夾雜一絲瑕疵。幗英有一顆至善至柔的心，能容天下的胸襟和氣度。她的性格如水，用自己純潔的心來洗淨他人的污濁，有容清納濁大之度量，似乎到無止境的地步。性情如此，才造就了與蓋鳴暉的互補和包容，今日合作無間的基礎，是幼時的累積，成為任何人都不可取代的人生經驗。

有次蓋鳴暉去大澳演出，颱風把戲棚吹倒了，兩人就在當地的度假屋睡一夜……「一張大牀，我把她擠到了牆邊踩了一夜，她竟一晚都沒有反抗！」蓋鳴暉笑着說。

舞台上的蓋鳴暉至真至誠，感情率真又真切，因為都是情到深處自然流露。黑白分明的蓋鳴暉，就像一杯白水，沒有陰暗使詐，沒有表裏不一，不高興就會直說。但是她直率坦然的棱角，在日常生活中，還是有可能會誤傷他人的。因此，幗英時常提點她，不是所有人都對蓋鳴暉包容，別有用心的人甚至隻言片語都會妄加揣度，斷章取義地無風起浪。

這時候，幗英會主動向蓋鳴暉提出：「需要拒絕人的時候，便由我來替你說吧！」年紀比蓋鳴暉輕，待人接物倒比年長的成熟和世故⋯⋯

幗英與蓋鳴暉之間，是友情，是親情，深刻詮釋了相知、誠信和信任。而這難得的理解中更包含着沉甸甸的愛和寬容。因為寬容，她們可以相互體諒；因為愛，她們願意為對方遮風擋雨，相互依賴，相伴一生。從兩小無猜的天真少女，到今日的大佬倌和一團之長，她們之間的默契與信任，沉澱超過三十年，任何人無法比擬，成就了「鳴芝聲」的輝煌，也讓粵劇多了一顆光芒的巨星！

不拘一格
推陳出新

閰惠昌

　　閰惠昌老師，著名指揮家及作曲家。兒時他走出陝西合陽縣不過三戶人口的小山村，從中國內地，走到新加坡、臺灣，再到香港發展中樂藝術事業，曾指揮境外近乎所有國樂團，並曾擔任不同樂團的藝術總監，各地大學音樂學院教授。閰老師臉呈國字，輪廓清晰，頭髮灰白相間，梳理得整整齊齊。雙眉入鬢，眼神中透露出不怒自威的神態，微笑時又增添幾分儒雅的智者氣息。與其他受訪嘉賓不同，閰老師較沉默寡言，每句話都沉穩而有深意。經過幾十年的歷練，令他磨去早年激情投入的稜角，塑造其簡要清通的內斂風格，也一步一步邁向藝術昇華的另一高峰。

　　加入香港中樂團以來，閰老師一直謹守樂團「植根傳統，銳意創新，不拘一格，自成一體」的十六字方針，在中國傳統音樂的長河中銳意創新。香港中樂團既能演奏傳統音樂，又能發揮其原本的多樣性。例如，演奏北方豪邁奔放的音樂，又能演奏南方柔弱如水的韻味，不為樂團劃規定界。因此，中樂團兼備中華民族傳統文化的獨特氣息，又在西方樂團學究嚴謹的技藝訓練中張弛有度。

　　閰老師秉持的創新精神與在粵劇表演藝術道路上一直兼容並蓄、愛挑戰自我的蓋鳴暉不謀而合。多年來，蓋鳴暉與香港中樂團幾度合作，交口稱譽，贏得萬千觀眾的掌聲。

願意嘗新的粵劇演員

「劇團一直有些創新的想法，比如和崑曲、搖滾樂結合，與潮流樂隊的爵士樂結合等。當中樂團想做一些與粵劇相關的創新演出時，第一個想到的合適人選就是蓋鳴暉⋯⋯」閻老師回憶道。

話說回頭，閻老師在因緣際會之下欣賞了蓋鳴暉跨界演出的舞台劇《梁祝》，這是閻老師首次認識蓋鳴暉。「沒想到她作為傳統粵劇演員這麼大膽，很願意嘗試新鮮事物！」閻老師評說。

「當初我去演話劇，接拍電視劇，從粵劇的戲妝改成現代的打扮，觀眾對我的外型改變都大吃一驚！我就是特意讓大家知道，粵劇人不是墨守成規的！」蓋鳴暉說道。

閻老師非常熟悉和關注粵劇發展，從大學起便修讀中國戲曲。後來和紅線女在香港紅磡體育館合作《荔枝頌》小曲。而香港中樂團真正與粵劇團體合作便是從蓋鳴暉開始。

出於對蓋鳴暉的欣賞，二〇〇〇年，閻惠昌老師邀請她演出香港中樂團的創新劇目《九天玄女》，在大戲舞台上以古裝打扮又唱又演，音樂、舞蹈、歌詞、舞台⋯⋯所有所有都是嶄新的嘗試。

「《九天玄女》非常前衛，舞蹈也很抽象。其實除了劇目叫「九天玄女」之外，整個表演和粵劇也沒有太大聯繫⋯⋯」蓋鳴暉如是說。

閻老師的排練要求一向「嚴格」，對於新作品，一般內地樂團最多

排練兩三天，但是閻老師要求排練一週，難度高的曲目甚至更長。他注重藝術的質素，和作曲家本身的感受，並到了細緻入微的地步。但凡作曲家不滿意排練效果，稍有改動，閻老師都按足要求重新再排，力求完美，有時候演奏員都會感到疲倦。然而在閻老師眼中，只要作曲家不滿意，就意味着樂團排練不到位，唯有作曲家滿意了，綵排才算結束。因此閻老師領導下的香港中樂團被評為「高度專業化、高度職業素養、具有高度創新精神」的世界級一流國樂團。

在蓋鳴暉眼中，閻老師的要求「嚴格」，但不「嚴厲」。

「我第一次見閻老師的時候，不是很害怕。因為老師的樣子看起來隨和親切，感覺是一位謙謙君子的音樂大師！」話雖如此，蓋鳴暉當時還是戰戰兢兢，心理壓力極大，她說：「生怕丟了粵劇界的顏面。」

演出前，蓋鳴暉誼妹劉幗英把麥克風遞給蓋鳴暉，這是劉幗英第一次聽到蓋鳴暉說「害怕」。旁坐的劉幗英忍不住說：「當時她的手異常冰冷，我問她怎麼了？她不停說『害怕』。」

「是的，我每一次演出都希望是最好的……加上在香港中樂團樂隊的莊嚴氣氛裏面，我覺得自己不容有失，一定不可以出錯。因為中樂和粵劇不一樣，做粵劇是樂師跟着佬倌所唱的節奏去拍和，我的節奏隨我的表演而可快可慢……但在中樂團，是大家一起完成這個演出的，節奏一定要把握精準，難度更大。」蓋鳴暉說道。

蓋鳴暉每次與中樂團合作演出都會加入不少新元素，例如要演唱羅文的《紅棉》、葉振棠的《戲班小子》等流行曲，還有粵劇中難度頗高的梆黃，蓋鳴暉都虛心請教，特意練習有別於粵劇的流行曲唱法，「流行曲的呼吸和吞吐跟粵劇的完全不同，我要重頭學起，非常吃力……」

把團結精神帶到粵劇舞台

　　幸運的是，閻老師具備豐富的粵劇背景，又有自成一體的教導方法，一步一步令蓋鳴暉融入中樂的世界。練習的過程是痛苦的，國際級的中樂團要求嚴苛，小至一個音的情緒飽滿度都有要求，不達標都要重新綵排。該次演出前前後後排練了十次以上！

　　蓋鳴暉總結：「多次綵排後，我開始感覺到不是我一個人去引領這個舞台，而是中樂團上上下下齊心協作，同步進行。過程中讓我懂得老師的領導很重要！之後，我把這種團結精神帶回粵劇舞台，是對粵劇團一種極大的突破，使大家全心全意投入，力爭更好，也大大增強了我在粵劇舞台的信心和表現力。多次有幸和香港中樂團合作，我和『鳴芝聲』是最大的得益者！」

　　誠然，樂團中一個人的表演技巧再好，整體不協調也不行。只有每個崗位的人員演出技術優良，加上高度的專業責任化，整體提高協作能力，才能成為最頂尖的樂團。

　　談到下一次合作，閻老師和蓋鳴暉都非常期待，雙方都有了默契。

　　「我現在的表現會比從前更大膽，更成熟。閻老師的指揮很到位，加上他有戲曲的背景，我們的合作更加順暢。有時候我的情緒變化可能快了，老師馬上指揮樂團協拍跟上……有了默契，期待下次合作會挑戰更大膽的方式，因為我知道老師肯定會『救』我！」蓋鳴暉幽默地說。

　　「蓋鳴暉真的很謙虛，認真，肯嘗試。希望有機會與她在未來的日子一起尋找新的方向，去作更多嘗試，一起努力！」閻老師回應。

　　五十多年前，陝西的一個小男孩爬上了一輛開往西安的煤車，路上

遇見看門的大爺，開闢了一生光輝的音樂追尋之路，這是著名指揮家閻惠昌老師。三十多年前，家住香港新界的一個小女孩敲八和粵劇學院的大門，在迷惘與懵懂之中找尋開啟粵劇殿堂的鑰匙，這是粵劇紅伶蓋鳴暉。他們倆都憑着自身的才華天賦，堅韌不拔地鍛煉學習，即使已處無限風光的頂峰，仍願意再闖另一險峻的高峰，挑戰自我，推陳出新。

在多次與香港中樂團的合作中，蓋鳴暉從閻老師身上學習到一個人的表演再好，若整體不協調也不行。她還體會到在劇團擔任文武生的角色，儼如中樂團的指揮般，對各方面都要照顧周詳，才能有整體的精彩演出……這堂人生的課可沒有課本，也沒有課程和時間，需要終生學習，攀越更險峻的高峰。

後記

蓋鳴暉十分努力，很有上進心，難得是已成名的藝人仍能接受新事物！

閻惠昌的寄語

期望蓋鳴暉在粵劇藝術上精益求精，進入爐火純青之境，為粵劇藝術作更多建樹！

光影背後

誠懇的祝福、致謝

　　成書出版之際，心中充滿感恩，回顧三十多年來，身邊不少良師益友、戲迷友好們的教益和默默支持，藉此機會一一道謝！

　　由年少夢想學粵劇開始，衷心多謝家人，不論在經濟上及生活上，您們的大力支持、多番為我勞心煎熬，回想起來自覺有不少虧欠！

　　之後由加入學院開始，以至參加新秀匯演期間，所有老師、同學們的教導和忍耐，對我這個半途出身、又毫無任何粵劇知識和訓練的「初哥」，當中的醍醐灌頂、諄諄善誘，所學所得，令我終身受用。

　　「鳴芝聲劇團」創立迄今跨越三十週年，首要感謝師父林家聲及誼父劉金燿，您們對我情深義重，在此頓首叩頭致以深切感謝，銜環結草，實無以為報！

　　當然，三十年來的各種大大小小演出，包括劇院和戲棚、本地及外埠，全賴所有戲迷粉絲們長年的支持，也多得不同神功戲主會們、慈善社團、政府部門、區議會及各個社會知名團體給予機會，在此向大家說聲多謝！

　　「鳴芝聲劇團」的成就，是劇團上下各位演職員，包括從不同年代參演過的台柱、樂師、演員、後台各不同部門的兄姐弟妹們的功力和勞力累積而來，我深深感恩！

　　走筆回顧走過這三十多年的演藝生涯，自覺很幸福，實在多謝各不同界別的朋友們，包括電視台、舞台劇、演唱會、唱片公司、錄像製作公司、海外的製作公司和各界專業人士，您們都是我的長輩良朋。每

蓋鳴暉情繫藝壇三十年

戲夢傳奇

次合作帶來的經歷都令我獲益良多,更豐富了我在粵劇舞台上的演繹技巧,擴闊了我的創作空間,在此,我由衷再向大家致謝。

今年是「鳴芝聲劇團」成立三十週年,難得商務印書館為我出版一本紀念專書,邀請了十位曾對我諄諄教誨的前輩嘉賓與我對談,記錄成文,讓讀者們多角度了解我的成長和經歷,如此錦上添花的安排,相信大可提高這本書的閱讀性,非常感謝!

很多人都知道劉德華是我的偶像!一直以來,「華仔」對藝術的努力和執着,都是我輩的學習榜樣,他的「大哥」風範和文字都散發出正能量的魅力。在籌備本書期間,心中盤算能否邀請劉德華為本書親筆題字?非常幸運,劉大哥一口便答應了!這種喜悅,實非筆墨可形容……謝謝你「華仔」!

最後、也是不可或缺的鳴謝:

商務印書館及所有參與成書的工作人員,多謝你們!

當然,購書的讀者們和我的粉絲,對於您們對我的支持,我衷心感恩、感謝!

祝福大家!

二〇二一年初夏於香港,我生於斯、長於斯的地方

鳴　謝

特此鳴謝以下人士及機構協助及支持本書的出版：

編輯委員會
冼杞然先生
劉幗英女士
梁廣昌先生

封面題字
劉德華先生

訪談嘉賓
朱慶祥先生
李居明先生
杜國威先生
冼杞然先生
陳永華先生
曾勵珍女士
鄭國江先生
劉　洵先生
劉幗英女士
閻惠昌先生

撰稿
施揚平先生
冼杞然先生

統籌助理
魏頴儀女士

訪問紀錄
馮瑋蕤女士

攝影
梁海平先生
陳秀程先生
魏頴儀女士

髮型設計
Dicky Lam@BHC Prestige

化妝
Chris Lam
陳素潔女士

場地
新光戲院大劇場
香港八和粵劇學院
茶空間「靜庭」生活美學　關琬潼女士

蓋鳴暉情繫藝壇三十年

戲夢傳奇